सीक्रेट्स
ऑफ
रिलेशनशिप

किसी संगठन में आप आगे बढ़ते हैं तो तकनीकी कौशल गौण हो जाते हैं, जबकि लीडरशिप अधिक महत्त्वपूर्ण हो जाती है। यह एक उलटा संबंध है, क्योंकि जब कर्ता अधिकार के नए पदों पर प्रगति करता है तो उसे अपनी विशेषज्ञता के विशिष्ट क्षेत्र की तुलना में नेतृत्व क्षमता पर अधिक भरोसा करने की जरूरत पड़ती है और दूसरों के माध्यम से परिणाम हासिल करने पड़ते हैं। यानी नेतृत्वकर्ता के रूप में आपकी विशेषज्ञता दूसरे स्थान पर चली जाती है। साफ है कि यदि आप नेतृत्वकर्ता के रूप में सफल होना चाहते हैं तो आपको अपने आसपास के लोगों को निरंतर प्रेरित व प्रोत्साहित भी करना पड़ेगा।

अपने आस-पास या अपने अधीन कर्मचारियों या अधिकारियों से रिलेशनशिप को विकसित और मजबूत बनाने वाले व्यावहारिक मंत्रों को बताती अत्यंत रोचक व पठनीय पुस्तक।

ൠ❖ൡ

वरिष्ठ पत्रकार **प्रदीप ठाकुर** को भारत के प्रमुख मीडिया समूहों (दिल्ली प्रेस, अमर उजाला व दैनिक जागरण) में विभिन्न संपादकीय पदों पर काम करने और विविध विषयों पर लिखने व विश्लेषण प्रस्तुत करने का दो दशक से भी अधिक समय का अनुभव प्राप्त है। उनकी अंग्रेजी में प्रकाशित कृतियाँ हैं : 'टाटा नैनो : द पीपल्स कार', 'कैरीइंग धीरूभाई', 'विजन फॉरवर्ड : मुकेश अंबानी', 'द शाइनिंग स्टार ऑफ अमेरिका एंड द वर्ल्ड : बराक ओबामा', 'द किंग ऑफ स्टील : लक्ष्मी एन. मित्तल', 'अन्ना हजारे : द फेस ऑफ इंडिया अगेंस्ट करप्शन', 'एंजेलीना जोली : इज शी द मोस्ट पॉवरफुल सेलिब्रिटी' और 'टाइगर इन द वुड्स : द स्टोरी ऑफ नं. 1 स्पोर्ट्स-ब्रांड टाइगर वुड्स'।

सीक्रेट्स ऑफ रिलेशनशिप

(कैसे बनाएँ आपसी संबंधों को मजबूत)

प्रदीप ठाकुर

प्रकाशक

प्रभात पेपरबैक्स

4/19 आसफ अली रोड, नई दिल्ली-110002

फोन : 23289777 • हेल्पलाइन नं. : 7827007777

इ-मेल : prabhatbooks@gmail.com ❖ वेब ठिकाना : www.prabhatbooks.com

संस्करण

प्रथम, 2018

मूल्य

एक सौ पचास रुपए

अ.मा.पु.स. 978-93-5266-305-7

मुद्रक

आर-टेक ऑफसेट प्रिंटर्स, दिल्ली

★

SECRETS OF RELATIONSHIP
by Pradeep Thakur

Published by **PRABHAT PAPERBACKS**
4/19 Asaf Ali Road, New Delhi-110002

ISBN 978-93-5266-305-7

₹ 150.00

मेरी पूर्णकालिक लेखन-यात्रा को
संभव बनानेवाली धर्मपत्नी किरण और
मुझे हमेशा उत्साहित रखनेवाले
सुपुत्रों प्रभाकर, पुष्कर व भाष्कर
को
सस्नेह समर्पित

भूमिका

किसी संगठन में आप आगे बढ़ते हैं, तो तकनीकी कौशल कम महत्त्वपूर्ण रह जाते हैं, जबकि नेतृत्व कौशल और अधिक महत्त्वपूर्ण हो जाते हैं। यह एक उलटा संबंध है, क्योंकि जब नेतृत्वकर्ता अधिकार के नए पदों पर प्रगति करता है तो उसे अपनी विशेषज्ञता के विशिष्ट क्षेत्र की तुलना में नेतृत्व क्षमता पर अधिक भरोसा करने की जरूरत पड़ती है और दूसरों के माध्यम से परिणाम हासिल करने पड़ते हैं। साफ है कि नेतृत्वकर्ता की सफलता उसकी प्रेरित व प्रोत्साहित करने की क्षमता में निहित होती है और कोई नेतृत्वकर्ता अपने कार्य-समूह को तभी प्रेरित व प्रोत्साहित कर सकता है। लेकिन नेतृत्वकर्ता अपने कार्य-समूह को तभी प्रेरित व प्रोत्साहित कर सकता है, जब वह समूह के सदस्यों के साथ नजदीकी व भरोसेमंद संबंध कायम कर पाता है।

और नजदीकी व भरोसेमंद संबंध तभी संभव हो पाता है, जब नेतृत्वकर्ता अपने मातहत काम करनेवालों के साथ मानवीय व्यवहार कर पाता है तथा जब नेतृत्वकर्ता अपने कर्मियों के साथ मानवीय व्यवहार करता है तो वह उनमें रुचि लेता है, उनसे सवाल करता है, उनकी बातों को ध्यानपूर्वक सुनता है और जब नेतृत्वकर्ता अपने लोगों व उसके कार्य में रुचि लेता है, तो निर्धारित कार्य को पूरा करने के लिए

आपसी प्रतिबद्धता विकसित होती है और ऐसा तभी संभव हो पाता है, जब नेतृत्वकर्ता अपने साथियों को संपूर्ण ध्यान प्रदान करता है, उनके विचारों व राय पर चर्चा करने के लिए कार्यालय या संयंत्र से दूर पर्याप्त समय निकालता है, उनकी सलाहों पर गंभीरता से विचार-विमर्श करता है और उनके लिए उपलब्ध रहता है।

सफलता के लिए दूसरों के साथ अच्छा संबंध बहुत जरूरी है, लेकिन दूसरों को समझे बिना आप उनके साथ कैसे संबंध विकसित कर सकते हैं। यदि आप सफल होने की इच्छा रखते हैं और अपने आस-पास की दुनिया पर सकारात्मक प्रभाव डालना चाहते हैं, तो आप को दूसरों को समझने की क्षमता की जरूरत है। दूसरों की समझ आपको न केवल कारोबार को, बल्कि जीवन के हर क्षेत्र को प्रभावित करने की क्षमता देती है, लेकिन लोगों को समझने के लिए आपके लिए यह जानना बहुत जरूरी है कि वे कैसे सोचते हैं, वे क्या महसूस करते हैं, उन्हें क्या प्रेरित करता है और वे किसी विशेष परिस्थिति में किस प्रकार क्रिया या प्रतिक्रिया कर सकते हैं और यदि आप लोगों को ठीक प्रकार से जानना-समझना सीख लेते हैं, तब आप उन्हें प्रोत्साहित कर सकते हैं और सकारात्मक रूप से प्रभावित भी कर सकते हैं।

अधिकतर नेतृत्वकर्ता स्वीकार करते हैं कि लोग ही किसी भी संगठन की सबसे महत्त्वपूर्ण परिसंपत्ति होते हैं, लेकिन सभी नेतृत्वकर्ताओं के लिए सबसे बड़ी चुनौती भी यही है कि क्या कार्य-समूह के प्रति उनके व्यवहार व दृष्टिकोण इस विश्वास को प्रतिबिंबित करते हैं? ध्यान रहे कि परिसंपत्तियाँ आय व लाभ उत्पन्न करने में मदद करती हैं, इसीलिए वे ध्यान रखने व लगातार निवेश का विषय हैं। लोगों में निवेश का प्रमुख रूप है, उन्हें प्रशिक्षण व विकास के अवसर उपलब्ध कराना, ताकि वे कार्य-समूह की सफलता में और भी अधिक योगदान कर सकें। लेकिन कार्य-समूह की सफलता के लिए

नेतृत्वकर्ता का व्यक्तिगत समर्थन भी उतना ही महत्त्वपूर्ण है, जो उनके साथ गहरा संबंध स्थापित किए बिना संभव ही नहीं है।

मुझे विश्वास है कि यह पुस्तक आप सभी सुधी पाठकों को अपने लोगों के साथ अधिक अच्छे संबंध विकसित करने व सफल नेतृत्वकर्ता बनने में सहायक सिद्ध होगी।

—प्रदीप ठाकुर

अनुक्रम

1

सफलता में संबंधों का महत्त्व

किसी संगठन में आप आगे बढ़ते हैं तो तकनीकी कौशल कम महत्त्वपूर्ण रह जाते हैं, जबकि नेतृत्व कौशल और अधिक महत्त्वपूर्ण हो जाते हैं। यह एक उलटा संबंध है, क्योंकि जब नेतृत्वकर्ता अधिकार के नए पदों पर प्रगति करता है तो उसे अपनी विशेषज्ञता के विशिष्ट क्षेत्र की तुलना में नेतृत्व क्षमता पर अधिक भरोसा करने की जरूरत पड़ती है और दूसरों के माध्यम से परिणाम हासिल करने पड़ते हैं। यानी, नेतृत्वकर्ता के रूप आपकी विशेषज्ञता दूसरे स्थान पर चली जाती है। साफ है कि यदि आप नेतृत्वकर्ता के रूप में सफल होना चाहते हैं तो आपको अपने आसपास के लोगों को प्रेरित व प्रोत्साहित भी करना पड़ेगा।

हाँ, तब आपकी विशेषज्ञता की बस, इतनी ही जरूरत बची रह जाती है कि आप अपने कारोबार की तकनीकी बारीकियों को ठीक प्रकार से समझ पाने की स्थिति में होते हैं। लेकिन, नेतृत्वकर्ता के रूप में आपका मुख्य काम अपने कार्य-समूह से नियत कार्यों को करवाना तथा उन्हें जवाबदेह बनाना होता है। यदि आप विनिर्माण विभाग के नेतृत्वकर्ता हैं तो आपकी मुख्य जिम्मेदारी कार्य-स्थल में सकारात्मक ऊर्जा का संचार कर कार्य-समूहों के सदस्यों को प्रेरित व प्रोत्साहित करना होता है, ताकि वे अपने नियत कार्यों को ठीक प्रकार से करें और उत्पादकता को सशक्त

बनाया जा सके। विभिन्न सर्वेक्षणों में यह साबित हो चुका है कि जिस नेतृत्वकर्ता में प्रेरित व प्रोत्साहित करने की क्षमता बेहतर होती है, उसके कार्य-समूह की कार्य-कुशलता व उत्पादकता भी बेहतर होती है। ऐसे कार्य-समूह अपने व्यर्थ प्रयासों को कम करने के साथ-साथ अपनी कार्य-क्षमता में भी लगातार सुधार करते जाते हैं।

तो, नेतृत्वकर्ता की सफलता उसकी प्रेरित व प्रोत्साहित करने की क्षमता में निहित होती है। और, कोई नेतृत्वकर्ता अपने कार्य-समूह को तभी प्रेरित व प्रोत्साहित कर सकता है, जब वह समूह के सदस्यों के साथ नजदीकी व भरोसेमंद संबंध कायम कर पाता है और नजदीकी व भरोसेमंद संबंध तभी संभव हो पाता है, जब नेतृत्वकर्ता अपने मातहत काम करनेवालों के साथ मानवीय व्यवहार कर पाता है। और जब नेतृत्वकर्ता अपने कर्मियों के साथ मानवीय व्यवहार करता है तो वह उनमें रुचि लेता है, उनसे सवाल करता है, उनकी बातों को ध्यानपूर्वक सुनता है। और, जब नेतृत्वकर्ता अपने लोगों तथा उनके कार्य में रुचि लेता है तो निर्धारित कार्य को पूरा करने के लिए आपसी प्रतिबद्धता विकसित होती है।

लेकिन ऐसा तभी संभव हो पाता है, जब नेतृत्वकर्ता अपने साथियों को संपूर्ण ध्यान प्रदान करता है, उनके विचारों व राय पर चर्चा करने के लिए कार्यालय या संयंत्र से दूर पर्याप्त समय निकालता है, उनकी सलाहों पर गंभीरता से विचार-विमर्श करता है और अपने कार्य-समूह के सदस्यों के लिए उपलब्ध रहता है। वैसे, हम में से अधिकांश को यह पता है कि यह काम कैसे करें, लेकिन यह हर रोज की बातचीत में प्राथमिकता देने की बात है। ध्यान रहे कि नेतृत्वकर्ता के रूप में यही आपका प्राथमिक कार्य है, जबकि अधिकांश लोग इसे 'अतिरिक्त कार्य' मानने की गलती कर बैठते हैं। इस प्राथमिकता को सुनिश्चित कर ही प्रभावी नेतृत्वकर्ता अपने उद्देश्यों को पूरा करने में सक्षम हो पाते हैं।

असल में, नेतृत्वकर्ता अपने कार्य-समूह का प्रशिक्षक होता है। वह अपने साथियों को प्रशिक्षित कर उनकी कार्य-क्षमताओं का विकास करता है और उन्हें लक्षित उद्देश्य को पूरा करने के लिए सक्षम बनाता है। यह किसी और की सफलता के लिए देखभाल व चिंता प्रदर्शित करने के लिए एक प्रभावी तरीका है। साथ ही, यह किसी भी संगठन के लिए मूल्य पैदा करने की क्षमता में सुधार करने का शक्तिशाली मानवीय यंत्र-रचना (ह्यूमन मेकैनिज्म) भी है। संगठनात्मक समस्याओं का समाधान करने के लिए या उसके अवसरों को संबोधित करने के लिए लोग अपनी प्रतिभा व ज्ञान को जितना बेहतर उपयोग करते हैं, वे अपने उद्यम में उतना ही अधिक मूल्य ला पाते हैं।

एक नेतृत्वकर्ता यानी प्रशिक्षक के रूप में अपने रणनीतिक उद्देश्यों को पूरा करने के लिए आप सीधे तौर पर अपने तकनीकी विशेषज्ञों या प्रबंधकों की कुशलता को प्रभावित कर सकते हैं। जब नेतृत्वकर्ता सीखने तथा लगातार सुधार की कार्य-संस्कृति विकसित करते हैं, तब गलतियाँ कम होने लगती हैं, सूचनाओं का प्रवाह बढ़ने लगता है और महत्त्वपूर्ण कार्यों के लिए कुछ विशेषज्ञों पर निर्भरता भी घटने लगती है। इस तरह, जब नेतृत्वकर्ता कार्य-स्थल में विभिन्न कार्य-समूहों के बीच सामूहिक कार्य-भावना को प्रोत्साहित करने के लिए एक-दूसरे के बीच गहरा व भरोसेमंद संबंध स्थापित करता है तो संगठन असंभव नजर आनेवाले लक्ष्यों को भी आसानी से हासिल कर लेता है। तो चाहे आप बिक्री व विपणन विभाग के उपाध्यक्ष हों या अनुसंधान व विकास विभाग के निदेशक या फिर मुख्य वित्तीय अधिकारी (सी.एफ.ओ.), आपकी प्रभागीय जिम्मेदारी केवल विषय विशेषज्ञता के अपने क्षेत्र का प्रतिनिधित्व करता है, लेकिन आपका काम मुख्य नेतृत्वकर्ता का ही होता है…और आप सफल नेतृत्वकर्ता तभी हो पाते हैं, जब अपने कार्य-समूह के सदस्यों के साथ गहरा व भरोसेमंद मानवीय संबंध स्थापित कर पाते हैं।

अमेरिका के 40वें राष्ट्रपति (वर्ष 1981 से 1989 तक) रोनाल्ड विल्सन रीगन की सबसे बड़ी विशेषता यही थी कि वह हर किसी के साथ संबंध कायम कर सकते थे, चाहे वह शासनाध्यक्ष हो या नौकरशाह या पत्रकार या फिर आम आदमी। हॉलीवुड अभिनेता के रूप में अपना पेशेवर जीवन शुरू करनेवाले रीगन ने अभिनेताओं के श्रमिक संघ 'स्क्रीन एक्टर्स गिल्ड' के अध्यक्ष के रूप में सार्वजनिक जीवन में कदम रखा था और फिर कैलिफोर्निया का 33वाँ गवर्नर (वर्ष 1967 से 1975) रहे थे।

करीब तीन दशकों तक रीगन के जन-संपर्क अधिकारी रहे माइकल डेवर ने कहा था कि उसने अपने जीवन में रीगन जितने शरमीला किसी व्यक्ति से नहीं मिला था। फिर, रीगन पत्रकारों के साथ इतना जीवंत संबंध बनाने में कैसे कामयाब हो सके थे। डेवर का जवाब था कि असल में रीगन लोगों को पसंद करते थे। चाहे वे पत्रकार हों या आम आदमी, वह सभी से संबंध बनाने को इच्छुक रहते थे। यही कारण था कि भले ही कई वरिष्ठ पत्रकार रीगन की नीतियों से सहमत नहीं थे, फिर भी वे रीगन को एक व्यक्ति के रूप में बेहद पसंद करते थे।

रोनाल्ड रीगन की संबंध बनाने की कुशलता आंशिक रूप से हॉलीवुड में विकसित हुई थी। रीगन का व्यक्तित्व तो प्राकृतिक रूप से ही आकर्षक व करिश्माई था। स्क्रीन एक्टर्स गिल्ड के अध्यक्ष के रूप में लगातार आठ वर्षों तक सक्रिय रहने के कारण उनमें धारा-प्रवाह भाषण की कला भी विकसित हो गई थी। लेकिन, रीगन को लोगों से जीवंत संबंध बनाने की अद्‍भुत कला विकसित करने का मौका तब मिला था, जब उन्होंने आकाशवाणी-दूरदर्शन संकलन शृंखला 'जनरल इलेक्ट्रिक थिएटर' के आयोजक रूप में करीब एक दशक (सन् 1953 से 1962) तक अमेरिका के विभिन्न क्षेत्रों की यात्राएँ की थीं।

जनरल इलेक्ट्रिक कंपनी द्वारा प्रायोजित यह साप्ताहिक नाट्य शृंखला काफी लोकप्रिय साबित हुई थी। इस अनुबंध के तहत रीगन के

लिए एक वर्ष में 16 सप्ताह जी.ई. संयंत्रों का दौरा करना पड़ता था और अकसर उनसे प्रतिदिन 14 भाषण देने की माँग की जाती थी। वैसे तो यह बहुत ही श्रम-साध्य कार्य था, लेकिन रीगन ने इसे व्यापक जन-संपर्क अभियान का अवसर बना लिया था। वह जहाँ भी जाते थे लोगों से सीधे जुड़ने की कोशिश करते थे। वह चाहे किसी से पहली बार ही क्यों न मिल रहे हों, लेकिन उसके साथ जिगरी दोस्त की तरह व्यवहार करते थे। यही कारण था कि शृंखला की लोकप्रियता तो बढ़ी ही थी, रीगन भी अमेरिकी परिवारों के चहेते बन गए थे।

बाद में रीगन ने अपनी इसी संबंध बनाने की कला का राजनीति में भी उपयोग किया था। रीगन बखूबी जानते थे कि संबंध ही वह गोंद था, जो उनके साथ काम करनेवाले कार्य-समूहों के सदस्यों को एक-दूसरे के साथ चिपकाए रखता था। इसीलिए रीगन ने अपने राजनीतिक जीवन में सबसे अधिक आपसी संबंध बनाने पर ही जोर दिया था। उसका मानना था कि आपसी संबंध जितने मजबूत होंगे, कार्य-समूह की एकजुटता भी उतनी ही बढ़ेगी और फिर, सफलता की संभावना भी उतनी ही ज्यादा बढ़ जाएगी।

साफ है कि चाहे आप जो कुछ भी करें, सबकुछ सामूहिक कार्य पर निर्भर करता है और सामूहिक कार्य दूसरों के साथ आपके संबंध बनाने की क्षमता पर। अच्छे संबंध न केवल स्वयं की जरूरतों को पूरा करने में, बल्कि दूसरों को देने में भी हमारी मदद करता है। इससे सामूहिक कार्य-भावना का विकास होता है, जो हमें भावनात्मक रूप से परिपूर्ण बनाता है। लेकिन दूसरों के आपके संबंध की मजबूती निम्नलिखित विशेषताओं पर निर्भर करती है—

आदर : अच्छे संबंधों की कुंजी

चाहे वह सहकर्मी हो या दोस्त या फिर पत्नी, स्वस्थ संबंध की कुंजी तो आदर ही होती है। एक-दूसरे के प्रति आदर के भाव के बिना संबंध

शुरू ही नहीं हो सकता। आदर का मतलब होता है—दूसरों को महत्त्व देने की हमारी इच्छा। लेकिन आदर का भाव कैसे उत्पन्न होता है ? जब हम दूसरों की बातों को बिना किसी पूर्वानुमान के सुनते हैं और उनके विचारों व सुझावों को महत्त्व देते हैं। ध्यान रहे कि आप अपनी मौजूदगी में दूसरों को तब तक महत्त्वपूर्ण नहीं महसूस करा सकते हैं, जब तक कि आप सच्चे मन से उसका आदर नहीं करते हैं। यदि आप किसी को आदर देने का नाटक भर करते हैं तो यह बात सामनेवाले को साफ तौर पर महसूस हो जाती है और फिर वह भी आपके साथ वैसा ही व्यवहार करने लगता है। फिर दूसरों के साथ कोई संबंध नहीं कायम हो पाता है।

असल में, जब हम किसी व्यक्ति का आदर या सम्मान करते हैं तो वह उसके प्रति हमारी गहरी प्रशंसा की भावना होती है और यह भावना उस व्यक्ति की क्षमता, गुण या उपलब्धियों से उत्पन्न होती है। दूसरे लोगों के प्रति आदर का प्रदर्शन व्यक्तिगत संबंधों को बनाए रखने का एक महत्त्वपूर्ण हिस्सा है। यदि हम पारस्परिक जीवन में खुश व सफल बने रहना चाहते हैं तो हमें दूसरे लोगों के प्रयासों, क्षमताओं, विचारों व विचित्रताओं का आदर करना सीखना होगा। इसके साथ ही, यदि आप खुद का आदर करना भी सीख लेते हैं तो यह आपको आदर की आदत बनाने तथा अपने आसपास के लोगों के साथ उसे साझा करने के विश्वास के साथ आगे बढ़ने में मदद कर सकता है।

प्रयासों का आदर : दूसरों के प्रति आदर की भावना के प्रदर्शन का सबसे महत्त्वपूर्ण पहलू है उनके प्रयासों का आदर करना और ऐसा तब होता है, जब हम कृतज्ञता-ज्ञापन, यानी आभार-प्रदर्शन करते हैं। आप लोगों को उनकी सहायता व उनके समर्थन के लिए नियमति रूप से धन्यवाद देकर आभार-प्रदर्शन कर सकते हैं। जिन लोगों ने भी आपकी मदद की है, उन सभी को याद रखना महत्त्वपूर्ण होता है। धन्यवाद देकर आप उनके प्रति अपनी आदर-भावना प्रकट करते हैं।

भले ही धन्यवाद देने का कोई स्पष्ट अवसर न हो, फिर भी नियमित रूप से धन्यवाद देते रहना लोगों को आपके आदर की भावना का संदेश देता है। इसीलिए, जिन लोगों से आपका संपर्क टूट चुका है, उन्हें भी चिट्ठी, इ-मेल, संवाद भेजें या फिर फोन करें। उनके प्रति अपनी आदर-भावना को व्यक्त करने लिए कुछ मिनट से अधिक की जरूरत नहीं होती है; लेकिन उसका असर बहुत ही गहरा होता है। माता-पिता, भाई-बहन, सहकर्मियों, सहपाठियों, दोस्तों, शिक्षकों, पड़ोसियों को धन्यवाद देना न भूलें।

दूसरों को उनकी उपलब्धियों के लिए बधाई देना भी उनके प्रति आदर की भावना का प्रदर्शन होता है। जब दूसरे लोग सफल हों तो उनकी तरफ अपना ध्यान लगाएँ और उनकी क्षमता व उनकी उपलब्धि का जश्न मनाएँ। जब दूसरे लोग अतिरिक्त प्रयास डालकर कुछ हासिल करें तो हमें उन्हें मान्यता देना और ईमानदारी के साथ उनकी प्रशंसा करना सीखना चाहिए। दिखावा करने की जरूरत नहीं। बस, उसे बगल में ले जाएँ और फिर उसे निजी तौर पर बधाई दें, तभी उसको आपकी बधाई असली लगेगी। ऐसे मौके पर अकसर लोग ईर्ष्या की भावना से भर जाते हैं, 'ऐसा मैं क्यों नहीं कर सका?' इसकी बजाय अपने भीतर सकारात्मक भाव लाने की कोशिश करें, 'उसने बहुत अच्छा काम किया।' इस तरह आप अपना ध्यान स्वयं से अलग हटा सकेंगे और आपकी सद्भावना फैलेगी। यदि आप किसी का आदर करते हैं और वह अपने कठिन दौर से गुजर रहा है या दूसरों की तुलना में उसे कम प्रशंसा मिल पा रही है तो आपको उसके प्रयासों, उसके दृष्टिकोण या अन्य सकारात्मक गुणों की प्रशंसा के लिए अतिरिक्त कोशिश करनी चाहिए।

दूसरों को धन्यवाद देना और उनकी प्रशंसा करना तो महत्त्वपूर्ण है ही, साथ ही उनके प्रति निष्ठावान् होना भी बहुत जरूरी है। अधिकांश लोग आमतौर पर चाटुकारिता को पसंद नहीं करते हैं। यदि आप किसी

का आदर करने का नाटक करते हैं तो भी उसको आपकी असलियत का पता चल जाता है। इसलिए किसी को धन्यवाद देते या फिर उसके प्रयासों की प्रशंसा करते हुए आपकी वास्तविक निष्ठा का प्रकट होना बहुत जरूरी होता है। और यह तभी संभव हो पाता है, जब धन्यवाद या प्रशंसा के शब्द आपके दिल की गहराइयों से निकलते हैं।

इसी तरह, यदि आप किसी से कुछ करने का वादा करते हैं तो उसे करना भी बहुत जरूरी होता है। जब आप वादे के मुताबिक दूसरों को दिए गए समय पर उसके सामने उपस्थित होते हैं तो आप न केवल अपनी विश्वसनीयता साबित करते हैं, बल्कि उनके समय का आदर भी करते हैं। इससे ऐसा झलकता है कि आप उनके साथ वहाँ पर उपस्थित होने के लिए विशेष प्रयास कर रहे हैं। इस तरह, जब आप पूरी तैयारी व उत्साह के साथ निर्धारित समय पर उपस्थित होते हैं तो इससे साबित होता है कि आप दूसरों के प्रयासों का सचमुच में आदर करते हैं।

आप अपनी सहायता का प्रस्ताव देकर भी दूसरों के प्रयासों के प्रति आदर प्रकट कर सकते हैं। जब आपको लगे कि दूसरों को आपकी जरूरत है, विशेष रूप से यदि यह आपके लिए जरूरी नहीं है, तो बिना किसी प्रकार की हिचकिचाहट के लीक से हटकर उनकी मदद के लिए आगे बढ़ें। अपने मित्रों के कार्यक्रमों में स्वयंसेवक बनकर मदद करना न भूलें। यदि आप अपने छोटे भाई को गृह कार्य में मदद देते हैं या फिर घरेलू कार्य में बिना कहे माता-पिता की मदद करते हैं तो उनके प्रति आपके जबरदस्त आदर का भाव प्रकट होता है। इसी तरह, यदि आपका कोई मित्र या पड़ोसी कठिन परिस्थितियों से गुजर रहा है या फिर स्वयं को निराश महसूस कर रहा है तो उनको आपके प्रोत्साहन की जरूरत हो सकती है। आपके प्रोत्साहन भरे बोल ही उनकी संघर्षपूर्ण जिंदगी को बदल देनेवाले साबित हो सकते हैं।

दूसरों की क्षमताओं को महत्त्व देकर भी आप उनके प्रति आदर का

भाव प्रकट कर सकते हैं। ध्यान रहे कि बहुत ज्यादा मदद की पेशकश कभी-कभी अनुचित व अपमानजनक हो सकता है। कभी-कभी अपना कदम पीछे हटाकर दूसरे लोगों को खुद साबित करने और अपने दम पर स्थितियों या समस्याओं को सँभालने का मौका देना भी नेतृत्वकर्ता की चतुराई होती है। जब कोई व्यकित अपने दम पर कुछ करने में सक्षम है तो मान्यता देने की कोशिश करें और अपने कर्तव्य का पालन करते हुए उस व्यक्ति के प्रति अपना आदर दिखाएँ, जिसका कि वह हकदार है। याद रखें कि जब हम बुरे वक्त में किसी को भावनात्मक रूप से मदद देने की पेशकश करते हैं तो हम उसके प्रति अपना आदर प्रकट करते हैं। लेकिन, यदि कोई स्वयं ही अपनी समस्या का हल करने में सक्षम है तो उसे मदद करने की कोशिश करना उसकी क्षमताओं को महत्त्वहीन बनाना और उसका अपमान करना होता है।

विचारों का आदर : दूसरों के प्रति आदर प्रकट करने का दूसरा सबसे महत्त्वपूर्ण पहलू है उनके विचारों का आदर करना। और ऐसा तब होता है, जब हम उनकी बातों को ध्यानपूर्वक सुनते हैं। सफल नेतृत्वकर्ता के लिए दूसरों की बातों को ध्यानपूर्वक सुनने का अभ्यास करना बहुत जरूरी होता है, क्योंकि ऐसा करके ही दूसरों के विचारों व सुझावों के प्रति आदर की भावना प्रकट हो सकती है। जब कोई और बोल रहा हो, तब आप उसे ध्यानपूर्वक देखें और चुप रहें; साथ ही, वह जो कुछ भी बोल रहा है, उस पर सक्रिय विचार करने में समय लगाएँ। बहुत बार हम दूसरे लोगों के विचारों को ध्यानपूर्वक सुनने की बजाय वास्तव में अपनी बात करने के लिए प्रतीक्षा करते रहते हैं। भले ही आप उनकी बातों से सहमत न हों, फिर भी जवाब देने से पहले उनके दृष्टिकोण पर विचार करने तथा उनके साथ सहानुभूति प्रकट करने का प्रयास करें। इस तरह, जब आप दूसरों को सहानुभूति के साथ सुनते हैं और उन्हें अपना मामला पेश करने का मौका देते हैं तो उन्हें लगता है कि आप उनका आदर करते हैं।

दूसरों के विचारों को ध्यानपूर्वक सुनने का मतलब यह भी होता है कि आप उनकी बातों को समझने के लिए उनसे सवाल भी करें। इससे यह साबित होता है कि आप उनके विचारों में पूरी तरह शामिल हैं। हाँ, ध्यान रहे कि वे सवाल उनके विचारों को और भी ज्यादा स्पष्टता प्रदान करनेवाले हों, न कि उनके विचारों की धज्जियाँ उड़ानेवाले। जब आप उनके मामले से जुड़े सवाल पूछेंगे तो वे आपको समझाने के लिए और भी नवाचारी तर्क पेश करेंगे। भले ही आप उनकी बातों को पहले से जानते-समझते हों, फिर भी उन्हें पूरी तरह अपनी बातें रखने का मौका दें। और, जब कोई फैसला सुनाएँ तो उन्हीं की बातों व तर्कों को उसका आधार बनाएँ। इस तरह आप उन्हें यह एहसास करा पाते हैं कि आप उन पर कोई अपनी बात नहीं थोप रहे हैं, बल्कि उन्हें ही फैसला करने का मौका दे रहे हैं। इस तरह, जब आप उनका आदर करने की कोशिश करते हैं तो उनके मन में भी आपके प्रति कई गुना अधिक आदर की भावना प्रकट होती है। यदि आप किसी कार्य-समूह की बैठक ले रहे हों और उसमें कोई चुपचाप बैठा हो तो उसके विचारों का द्वार खोलने के लिए उससे संबंधित कोई निश्चित सवाल करें। याद रहे कि उसका ध्यान आकर्षित करने के लिए कोई व्यंग्यपूर्ण सवाल न करें, जिससे कि उसकी भावना को कोई ठेस पहुँचे।

दूसरों के प्रति आदर प्रकट करने लिए उनके दृष्टिकोण के बारे में जानना भी बहुत जरूरी होता है। विशेष रूप से जिन लोगों के अनुभव व दृष्टिकोण आपसे भिन्न हैं, उनके प्रति भी सहानुभूति प्रकट करना बहुत बड़ी कुशलता है। प्रभावी नेतृत्वकर्ता में यह कौशल होता है और वे भिन्न विचार रखनेवालों के प्रति भी आदर की भावना प्रकट कर पाने में सक्षम होते हैं। आप अपनी राय व दृष्टिकोण पर गर्व कर सकते हैं, लेकिन यह न मानें कि दूसरे भी उसी तरीके से सोचते-समझते हैं। इसीलिए, अपनी राय व दृष्टिकोण को रखकर खुद को अजीब स्थिति में

डालने से बचें। आप अपने विचारों को साझा करने से पहले दूसरों की राय व दृष्टिकोण को समझना सीखें, ताकि पता चल सके कि आपको क्या बोलना है। किसी भी मुद्दे पर आकस्मिक टिप्पणी करना भले ही आसान लग सकता है, लेकिन जब आप किसी मिले-जुले समूह में ऐसा करते हैं तो आपको पता नहीं चल पाता है कि उससे किसी की भावना को चोट भी पहुँच सकती है।

दूसरों के प्रति आदर प्रकट करने के लिए बहस के चुनाव में भी बहुत सावधानी बरतने की जरूरत पड़ती है। कभी-कभी अपने विचारों को जोरदार तरीके से पेश करना भी दूसरों की बुद्धि के प्रति आदर करने का एक तरीका हो सकता है। लेकिन, कई बार अपने विचारों को रोके रखना और गुस्सा पैदा करनेवाले अनावश्यक बहसों से खुद को बचाए रखना ही बेहतर होता है। और इस तरह आप दूसरे के प्रति अपना आदर प्रकट कर पाते हैं। लेकिन, इसका मतलब यह नहीं है कि आप दूसरों की सभी बातों पर चुप्पी ही साधे रहें। जरूरी हो तो अपनी असहमति भी प्रकट करें; लेकिन ध्यान रखने की बात यह है कि असहमति भी आदरपूर्वक प्रकट की जाए। जब आपको अपना असंतोष प्रकट करना हो या फिर असहमति जतानी हो तो उसे शांतिपूर्ण तरीके से करें और कुशलता के साथ अपनी बातचीत में उस बात को रखें। भले ही आप दूसरों से असहमत हों, फिर भी उनकी राय या विचार का अपमान न करें। अपनी असहमति प्रकट करने से पहले आम सहमति के आधार को स्वीकार करने की कोशिश करें।

स्वयं का आदर : दूसरों के प्रति आदर प्रकट करने का तीसरा महत्त्वपूर्ण तरीका यह भी है कि आप अपना ध्यान भी रखें और स्वयं का आदर करें। अपने प्रति आदर प्रकट करने के लिए भी आप खुद को वैसा ही महत्त्व दें जैसा कि बाकी सभी लोगों को देते हैं। दूसरों की खुशी के लिए अपने विचारों व जरूरतों को झुठलाने की कोशिश न करें।

आपके लिए यह जानना बहुत ही जरूरी है कि कब दूसरों की मदद माँगनी चाहिए। अपनी खुद की क्षमताओं व कौशल का जरूर आदर करें; लेकिन यह पहचान करना भी सीखें कि कब आपकी क्षमताएँ व कुशलताएँ चूक जाती हैं। ध्यान रहे कि अपने ऊपर जरूरत से ज्यादा बोझ डालना भी बुद्धिमानी नहीं है। बुद्धिमानी यही है कि जरूरत पड़ने पर आप निस्संकोच ठीक उसी तरह दूसरों से मदद माँगें, जैसा कि आप दूसरों की मदद करने के लिए तत्पर रहते हैं।

जिस तरह आप दूसरों के प्रयासों व विचारों के प्रति आदर प्रकट करने के लिए उपहार देते हैं, उसी प्रकार खुद को भी समय-समय पर समुचित उपहार देना सीखें। यानि यात्राओं पर जाएँ, खाली समय में मित्रों के साथ मौज-मस्ती भी करें। सावधान! आत्म-विनाशकारी व्यवहारों से भी बचें। खुद को उपहार देने का मतलब यह नहीं है कि आप रोजाना शराब पीने की आदत पाल लें और मौज-मस्ती में डूबकर अपनी सफलता के रास्तों से भटक जाएँ। खुद को ऊँचा उठाने के लिए सक्रियता से काम करें और अपने आपको उत्साहवर्धक, शिक्षाप्रद व सहायक लोगों के बीच रखें। क्या आपकी मित्र-मंडली में ऐसे लोग हैं?

'दुश्मनों' का आदर : लोगों को ठीक प्रकार से जाने-समझे बिना उनके बारे में कोई ठोस फैसला करना कैसे संभव हो सकता है? लेकिन, अकसर ऐसा ही देखने को मिलता है कि हम अधिकांश लोगों के बारे में सतही दृष्टिकोण अपनाते हैं और अपना 'दुश्मन' समझने लगते हैं। यहाँ तक कि जिन लोगों का पहला प्रभाव बुरा रहा हो, उन लोगों को संदेह का लाभ दें। हर कोई अपनी जिंदगी में एक बड़ी लड़ाई लड़ रहा है। ऐसे में यह मानना जरूरी है कि लोग जैसे भी हैं, जो भी कर रहे हैं और जो विश्वास करते हैं, उनके पीछे उचित कारण होंगे। तो, लोगों के बारे में कोई धारणा बनाने से पहले आपको यह फैसला करना होगा कि आप लोगों को पसंद करना चाहते हैं। किसी को नापसंद करने या

किसी का अपमान करने या उन्हें खारिज करने के लिए कारण ढूँढ़ना बहुत आसान है। इसीलिए यदि आप लोगों को पसंद करना चाहते हैं तो आपको सकारात्मक दृष्टिकोण से उनमें गुणों की खोज करनी पड़ेगी। और, जब आप इस दृष्टिकोण से लोगों से मिलेंगे तो आपके लिए उनके प्रति आदर का भाव प्रकट करना आसान होगा।

यदि आप किसी व्यक्ति की विचित्रताओं को उसकी ताकत के रूप में देखना शुरू करेंगे तो आपको उसके बारे में अपना दृष्टिकोण बदल पाने में मदद मिलेगी। किसी व्यक्ति को 'बड़बोला व घमंडी' मानने की बजाय यदि आप यह सोचें कि वह व्यक्ति सचमुच में अपने 'मन की बात' कर रहा है तो उस व्यक्ति के बारे में आपका दृष्टिकोण पूरी तरह बदल जाएगा। आपको उस व्यक्ति के बड़बोलेपन व घमंडी व्यवहार में उसका चुलबुलापन व स्वाभिमान दिखाई पड़ सकता है। आप बखूबी जानते हैं कि यदि आप किसी को कुछ 'अच्छा' नहीं कह सकते हैं तो 'बुरा' कहने से भी परहेज कर सकते हैं। फिर, आपको यह भी समझ में आ जाता है कि टकराव की तो कोई जरूरत ही नहीं थी और आप बस, यूँ ही मूर्खतापूर्ण तर्क करने पर आमादा थे। इस तरह आप स्वयं को समझदार बनाए रख सकेंगे और स्वयं को शांत रखना सीखकर दूसरों का आदर भी हासिल कर सकेंगे।

तो, आप अपने काम-काज की चिंता करें। दूसरे लोगों के काम में खुद को शामिल न करें, अन्यथा आप अपने लिए अनावश्यक दुश्मन पैदा कर लेंगे। लोग खाली बैठे रहते हैं। वे बहुत तेजी से अपने दुश्मन पैदा कर लेते हैं, क्योंकि उनके पास दूसरों के काम में दखलंदाजी करने के अलावा खुद को व्यस्त रखने का कोई काम नहीं होता। तो अपने आपको व्यस्त रखें और अपने जीवन को रोचक व आकर्षक गतिविधियों से भरा रखें, ताकि आपके पास पड़ोसियों के बारे में चिंता करने का समय व ऊर्जा ही न बचे। नया शौक पाल लें, फेसबुक पर कम-से-कम समय

खर्च करें और दूसरों की गतिविधियों पर बेवजह टिप्पणी करने से बचें।

दूसरों के प्रति आदर का भाव प्रकट करने के लिए उन तक पहुँच भी बनानी पड़ेगी। लोगों की अनदेखी करना टकराव से बचने का सबसे आसान तरीका हो सकता है; लेकिन ऐसा व्यवहार क्रूर व कठोर हो सकता है, विशेष रूप से कार्यस्थल में, जहाँ हर कोई एक-दूसरे के साथ खुद को शामिल महसूस करना पसंद करता है। आप भले ही सभी को अपना जिगरी दोस्त न बनाएँ, लेकिन उनके प्रति आदर का भाव प्रकट करने के लिए उन्हें भी अपनी गतिविधियों में शामिल करना बहुत जरूरी है। आप जिसे बहुत पसंद नहीं भी करते हैं, उससे भी कम-से-कम एक बार मित्रतापूर्ण भावना जरूर प्रकट करें। जब आप ऐसा करेंगे तो दूसरे को भी लगेगा कि आप कोशिश कर रहे हैं और वह भी आपके प्रति सकारात्मक रुख अपनाएगा। इस तरह, आप स्वयं के महसूस करने के तरीके को भी बदल सकेंगे और तथाकथित दुश्मन में भी 'दोस्त' को खोज निकालेंगे।

साझा अनुभव : अच्छे संबंधों की मजबूती

आदर अच्छे संबंधों की नीव है। लेकिन संबंधों में मजबूती कब आती है ? जब हमें एक-दूसरे को जानने-समझने का, यानी अपने अनुभवों को दूसरों के साथ साझा करने का मौका मिलता है। जब हम किसी कार्य-समूह में शामिल होते हैं तो दूसरे के प्रति आदर की भावना से संबंधों की शुरुआत होती है। और, जब हम एक साथ लंबे समय तक काम करते हैं तो हमें एक-दूसरे के साथ अपने अनुभवों से हासिल विशेषज्ञताओं, कुशलताओं व ज्ञान को साझा करने का अवसर मिलता है। और, यही साझा अनुभव किसी कार्य-समूह के आपसी संबंधों को मजबूती प्रदान करता है और उसकी सफलता में महत्त्वपूर्ण भूमिका अदा करता है।

आप किसी भी समयावधि के लिए कार्य-समूह का हिस्सा रहे हों, आप कम-से-कम पेशेवर विशेषज्ञता का कुछ स्तर तो हासिल कर ही लेते हैं। आप कौशल, ज्ञान व अनुभव का निश्चित अद्वितीय समुच्चय

प्राप्त करते हैं, जो आपको अपने संगठन की परिसंपत्ति (एसेट) बनाता है। लेकिन, आप साझा अनुभव से हासिल उस पेशेवर विशेषज्ञता के साथ सचमुच में क्या करते हैं? क्या आप उसे किसी गिलहरी के भोजन की तरह जमा करते जाते हैं? क्या आप अपनी उन सभी अच्छाइयों को अपने लिए बचत करते रहते हैं? क्या आप अपनी विशेषज्ञता का उपयोग अपने पेशेवर जीवन (कैरियर) को आगे बढ़ाने के लिए ही कर रहे हैं? क्या आपने कभी यह विचार नहीं किया है कि आपकी विशेषज्ञा कैसे दूसरों की भी मदद कर सकती है?

यह सवाल थोड़ा अटपटा जरूर लग सकता है, लेकिन आपकी विशेषज्ञता शक्तिशाली उपहार है, जिसे दूसरों से भी साझा किया जाना चाहिए। हाँ, आपकी विशेषज्ञता आपकी है और आपने इसे हासिल किया है; लेकिन यह अकेले आपके ही दम पर हासिल नहीं हो सकी है। आपकी विशेषज्ञता में दूसरों के साझा अनुभवों का भी बहुत बड़ा योगदान है। तो, यह आपका सामाजिक दायित्व भी है कि आप अपने ज्ञान के उपहार को दूसरों से भी साझा करें। और सबसे अच्छी बात यह है कि अपनी विशेषज्ञता को साझा करना न केवल दूसरों को उनके व्यावसायिक प्रयासों में मदद करता है, बल्कि यह आपकी भी मदद करता है। कैसे?

- यह आपके ज्ञान को उपयोग में लाता है और याद रहे कि आपके ज्ञान को गहरा करने में कोई और कोशिश उतनी प्रभावी मदद नहीं कर सकती जितना कि उसे दूसरों के साथ साझा करने में।
- यह आपके ज्ञान को विस्तृत करता है। अपनी विशेषज्ञता को साझा करने का मतलब होता है नई बातचीत को आमंत्रित करना। यदि अपनी आँख, कान व दिमाग खुला रखें तो आपको इस प्रक्रिया में कुछ-न-कुछ नया सीखने का मौका जरूर मिल जाता है।

- यह आपकी साख को प्राधिकारी (अथॉरिटी) रूप में स्थापित करता है। यदि आप स्वयं को अपने क्षेत्र में नेतृत्वकर्ता के रूप में उभारना चाहते हैं तो आपके पास दूसरों को देने के लिए जो कुछ भी है, उसके बारे में मुखर होना पड़ेगा। तो क्या आप ढिंढोरा पीटेंगे कि आप अमुक विषय के विशेषज्ञ हैं ? याद रहे कि मौखिक प्रचार (वर्ड ऑफ माउथ) सबसे तेजी से फैलता है। जब आपकी विशेषज्ञता से दूसरों को अपनी विशेषज्ञता स्तर को बढ़ाने का स्वाद मिलता है तो वे दूसरों से आपकी प्रशंसा किए बिना नहीं रह पाते। इस तरह, धीरे-धीरे अपने क्षेत्र में आपकी साख बढ़ती जाती है और आप प्राधिकारी के रूप में स्थापित होने लगते हैं।
- यह आपके पेशेवर मूल्य (प्रोफेशनल वैल्यू) को भी बढ़ाता है। जब आपकी विशेषज्ञता से पूरे कार्य-समूह को मदद मिलती है तो आप उसका और अधिक महत्त्वपूर्ण हिस्सा बन जाते हैं। आपकी उपस्थिति से संगठन की साख व मूल्य में वृद्धि होती है और आपको भी प्रतिष्ठा के साथ-साथ नकद लाभ कमाने का मौका मिलता है।

स्पष्ट है कि दूसरों से अपने अनुभवों को साझा करने से न केवल आपसी संबंध मजबूत होते हैं, बल्कि आपकी प्रतिष्ठा व आमदनी में भी बढ़त होती है। आप निम्नलिखित तरीके से अपनी विशेषज्ञता व अनुभव को आसानी से साझा कर अपने संबंधों के दायरे में विस्तार कर सकते हैं—

मार्गदर्शक बनें : ऐसे युवा पेशेवरों की कोई कमी नहीं है, जिन्हें अनुभवी व विश्वसनीय मार्गदर्शक की खोज रहती है। जब आप किसी संभावनाशील नौसिखिया को देखें, जिन्हें मदद की जरूरत हो तो उसे तत्काल अपने मार्गदर्शन के दायरे में लाएँ। उससे कठिन परिश्रम से अर्जित

वर्षों के अपने अनुभवों को साझा करें। ऐसा करते समय अपने आँख, कान व दिमाग को खुला रखें। मार्गदर्शन की सबसे अच्छी बात यह है कि यह मजबूत साझेदारी के साथ दोनों लोगों को समान रूप से सीखने का मौका भी देता है। मार्गदर्शक या संरक्षक के रूप में आप अपने काम के बारे में भी नया दृष्टिकोण हासिल कर सकेंगे। वास्तव में, आपके युवा पेशेवर शिष्य की अनुभवहीनता भी आपको शक्तिशाली अंतर्दृष्टि का अकूत धन प्रदान कर सकती है, बशर्ते कि आप इसे हासिल करने के लिए खुले व सजग हों।

आलेख लिखें : लिखित शब्द हमेशा दूसरों तक पहुँचने के लिए अद्‌भुत उपकरण हैं। आप आलेख लिखकर अपने अनुभवों को दूसरों से साझा कर सकते हैं। इसके लिए आप अपना ब्लॉग भी शुरू कर सकते हैं। याद रहे कि अपने विचारों को दुनिया के सामने रखने से ज्यादा कुछ भी सशक्त बनानेवाला नहीं है। आज के इंटरनेट युग में यह काम बहुत ही आसान हो गया था और आप अंतरराष्ट्रीय पाठक वर्ग को आकर्षित कर सकते हैं। इसके जरिए आप जो संबंध बनाते हैं, वे आपके पेशेवर जीवन में आमूलचूल परिवर्तन करनेवाले भी हो सकते हैं।

दूसरों को प्रशिक्षण दें : चाहे बड़ा मंच हो या फिर छोटा, दूसरों को प्रशिक्षण देने का मौका न छोड़ें। इससे आपको अपनी सार्वजनिक भाषण कला को निखारने और खुद को प्राधिकारी के रूप में अपनी स्थिति को ऊपर उठाने में मदद मिलेगी। आप अपनी कंपनी में भी नियमित रूप से कार्यक्रम का आयोजन कर अपने साथियों को प्रशिक्षित कर सकते हैं। आप जो कुछ भी जानते हैं, उसे पूरे आत्मविश्वास के साथ इस तरीके से प्रस्तुत करें, जो श्रोताओं को बाँधकर रखे और प्रबुद्ध बनाए। ध्यान रहे, आप ऐसी कोई बात न करें, जो श्रोताओं के मनोबल को तोड़े। प्रशिक्षक के रूप में आपकी भूमिका मौजूद लोगों के ज्ञान का दोहन करना भी है। इसीलिए बातचीत को खुला रखें, ताकि दूसरे लोग

भी अपनी विशेषज्ञताओं व अनुभवों को ठीक प्रकार से साझा कर सकें।

खुद को संसाधन बनाएँ : जब आप असाधारण रूप से उपयोगी कोई लेख पढ़ते हैं, आपको कोई नई उपयोगी जानकारी मिलती है या आपको किसी काम को करने का अधिक प्रभावी तरीका मिलता है तो उसे अपने पास ही न रखें। आपके पास लगभग हर दिन ही साझा करने लायक ऐसी कुछ-न-कुछ सार्थक जानकारी जरूर आती होगी, जो आपके सहकर्मियों के लिए फायदेमंद हो सकती है। आपको औपचारिक प्रशिक्षण सत्र या मदद के लिए स्पष्ट अनुरोध के लिए इंतजार करने की जरूरत नहीं है। बस, उन जानकारियों को सामूहिक इ-मेल से अपने सहकर्मियों को भेज दें। कल्पना कीजिए कि यदि आपके सहयोगियों में से किसी ने आपके लिए ऐसा किया तो आप कैसा महसूस करेंगे? आप उस व्यक्ति को कैसे देखेंगे? ध्यान रहे कि आपकी छोटी सी कोशिश किसी के पूरे पेशेवर जीवन पर सकारात्मक प्रभाव डाल सकती है, जिसमें आपका कुछ मिनट से ज्यादा नहीं लगता।

नेतृत्व के लिए आगे बढ़ें : यह आपकी एक विशेषज्ञता है, जो कि विशेष कार्य या परियोजना के लिए फायदेमंद हो सकती है, तो उसकी बागडोर सँभालने से घबराएँ नहीं। ऐसा अकसर देखने में आता है कि कई बेहद अनुभवी लोग नेतृत्व की जिम्मेदारी लेने से कतराते हैं, इसलिए जब मौका आता है तो वे पीछे बैठे रहते हैं और अपना मुँह बंद रखते हैं। लेकिन, जब कोई दूसरा सहकर्मी हिम्मत जुटाकर उस परियोजना को आगे बढ़ाता है तो उन्हें उसकी सफलता पर ईर्ष्या होती है। वे धीरे से अपनी विशेषज्ञता के बारे में बताते हैं; लेकिन तब कोई भी ऐसे डरपोक लोगों की बातों पर ध्यान नहीं देता और वह अपने भाग्य पर रोने के लिए मजबूर हो जाता है। ध्यान रखें, अपनी मदद या जानकारी के लिए दूसरों को भीख माँगने पर मजबूर न करें, बल्कि बिना माँगे ही आगे बढ़कर अपने आप प्रस्तुत करें। आगे आएँ। यदि आप जानते हैं कि आप अच्छे

कप्तान बन सकते हैं तो जहाज को मार्गदर्शन दें, किसी के आग्रह या निवेदन का इंतजार न करें। यदि आपके पास कुछ योगदान करने के लिए है तो खुद सामने आएँ। बस, याद रहे कि सबसे अच्छा नेतृत्वकर्ता अपनी विशेषज्ञता साझा करने के लिए अपने कार्य-समूह के हर किसी को प्रोत्साहित करते हैं।

विश्वास : अच्छे संबंधों की अनिवार्यता

आपसी संबंधों की तीसरी सबसे महत्त्वपूर्ण विशेषता है—विश्वास। जब आप लोगों का आदर करते हैं और उनके साथ अपने अनुभवों का साझा करने के लिए पर्याप्त समय लगाते हैं, तब आप आपसी विश्वास को विकसित कर पाने की स्थिति में आ पाते हैं। किसी भी अच्छे संबंध के लिए आपसी विश्वास अनिवार्य है। बिना विश्वास के आप किसी से भी संबंध जीवित नहीं रख सकते।

असल में, पुराने जमाने का प्रबंधन अपेक्षाकृत बहुत आसान था। मशीन युग में फोरमैन या नेतृत्वकर्ता को पंक्ति के अंत में खड़ा होकर यह सुनिश्चित करना होता था कि हर कोई अपना काम ठीक प्रकार से करे। वे कैसे सुनिश्चित कर पाते थे कि लोग ठीक प्रकार से काम कर रहे हैं? एक ही तरीका था—धमकी। डरा-धमकाकर प्रबंधन करना बहुत आसान था। आपको लोगों को बस, इतना भर बताने की जरूरत होती थी कि आप उन्हें नौकरी से निकाल सकते हैं। लेकिन, मशीन युग काफी पीछे छूट चुका है। अब हम ज्ञान-अर्थव्यवस्था के युग में हैं। हमें अपने कर्मचारियों से मानकों व प्रक्रियाओं के अनुपालन के साथ-साथ और भी बहुत कुछ हासिल करने की जरूरत पड़ती है। हमें उनकी पूरी देखभाल करने की जरूरत पड़ती है, ताकि वे अपना दिल व दिमाग दोनों काम में लगाएँ।

अब हमें इस सच्चाई का सामना करना पड़ता है कि लोगों को धमकी देकर उनका सर्वश्रेष्ठ हासिल नहीं किया जा सकता है। अब

हमें मशीन युग की तुलना में विपरीत तरीके से नेतृत्व करना पड़ता है। अब धमकी की बजाय हमें कार्यस्थल में आपसी विश्वास का वातावरण बनाकर सामूहिक कार्य-भावना विकसित करने की जरूरत पड़ती है। लेकिन समस्या यही है कि अभी भी अधिकांश प्रबंधक व नेतृत्वकर्ता पुराने जमाने की अधिकारवादी मानसिकता से उबर नहीं पा रहे हैं। चूँकि वे खुद डर के माहौल में आगे बढ़ते हुए प्रबंधक बन सके हैं, इसीलिए उन्हें विश्वास के माहौल के जादू का पता ही नहीं है। लेकिन, अब उन्हें अपने कार्य-समूहों को प्रबंधित करने के लिए बिल्कुल नया तरीका अपनाने के लिए मजबूर होना पड़ रहा है।

उन बेचारों की मुसीबत यह कि उन्हें अपने कर्मचारियों के साथ खुले तौर पर तथा ईमानदारी से बात करने की आदत ही नहीं है। वे अपने लोगों से ऐसा नहीं कह पाते—"मुझे आपकी मदद की जरूरत है।" "मुझे यकीन नहीं है कि हमें कैसे आगे बढ़ना चाहिए। आप क्या सोचते हैं?" "आपने उस समस्या को हल करने के लिए कल जो किया था, उसकी मैं बहुत सराहना करता हूँ। हम इसे आपके बिना नहीं कर सकते थे।" "मैं आपको सौंपे गए काम में आपकी क्या मदद कर सकता हूँ?"

मजबूरी में ही सही, अब हर प्रबंधक को बिल्कुल नई शब्दावली सीखनी पड़ रही है। यदि अभी भी विश्वास-आधारित प्रबंधन के लिए आप व आपका कार्य-समूह बिल्कुल नए हैं तो आपके आगे बढ़ने तथा अपनी प्रबंधन क्षमता को विकसित करने की शुरुआत के लिए निम्नलिखित रास्ता है—

- यदि आपने अपने कर्मचारियों की अकेले-अकेले बैठकें शुरू नहीं की हैं तो अब उसे शुरू करने का महान् समय आ गया है।
- एकल बैठक प्रबंधक व कार्य-समूह के सदस्य दोनों के लिए विचारों को पकड़ने और साझा करने का मौका है।

- पहली एकल बैठक में आप अपने सहकर्मी से क्या पूछेंगे? यही कि "आप कैसे हैं और आपका काम कैसे चल रहा है?"
- यदि वह कर्मचारी अपना लक्ष्य पूरा नहीं कर पा रहा है तो पहले आप सहानुभूति जताएँ और फिर उससे ऐसा न हो पाने का कारण पूछें।

पुराने युग में प्रबंधक अपने कर्मचारी के साथ ठीक इसके उलट व्यवहार करता था और कहता था "मैं आपका कारण नहीं जानना चाहता। यदि आप अपना लक्ष्य पूरा नहीं करते तो भूल जाइए कि आप यहाँ नौकरी करते थे।"

जरा सोचिए, कैसा मूर्खतापूर्ण व्यवहार करते थे उस जमाने के प्रबंधक व नेतृत्वकर्ता। जब तक आप सवाल नहीं पूछेंगे और अपने लोगों को जवाब देने का मौका नहीं देंगे, आप उनसे क्या सीख सकेंगे। ऐसा कर कहीं आप बेहद संभावनाशील कर्मचारी को बाहर का दरवाजा दिखाकर खुद अपने पैरों पर कुल्हाड़ी तो नहीं मार रहे?

आज के ज्ञान युग के प्रबंधक ऐसी गलती बरदाश्त नहीं कर सकते। वे उलझनों में फँसे अपने कर्मचारी से कहते हैं, "चलो, हम पता लगाते हैं कि आखिर ऐसा हो क्यों रहा है?" फिर वे उनके साथ माथा-पच्ची करते हैं और समस्याओं की जड़ तक पहुँचने तथा उनका समाधान निकालने की कोशिश करते हैं। हो सकता है कि उक्त कर्मचारी कुछ व्यक्तिगत समस्याओं के कारण बेहतर कार्य-प्रदर्शन न कर पा रहा हो। लेकिन, बहुत अधिक संभावना है कि यह कार्य-प्रणाली के ऊर्जा अवरोधों (एनर्जी ब्लॉक) का ही नतीजा हो। हो सकता है कि आपकी प्रक्रियाएँ ही स्पष्ट न हों; हो सकता है कि कार्य-प्रवाह में गतिरोध उत्पन्न हो गया हो; शायद अनसुलझे झगड़े कार्यों में रुकावटें पैदा कर रहे हों या फिर कार्य-समूह के सदस्यों के बीच उनकी भूमिकाओं के बारे में भ्रम की स्थिति बनी हुई हो? जब आप ऊर्जा अवरोधों को खोदेंगे और उसकी सफाई करेंगे

तो आपको अपने संगठन, अपने सहकर्मियों और अपने बारे में भी बहुत कुछ सीखने का मौका मिलेगा। फिर आपको अपनी छानबीन और अपने विश्वास-निर्माण के प्रयासों की फसल काटने का मौका मिलेगा।

पारस्परिकता : अच्छे संबंधों की सहन-शक्ति

पारस्परिकता यानी आदान-प्रदान की भावना के बिना संबंध कोई संबंध ही नहीं है। कभी भी एकतरफा व्यक्तिगत संबंध टिकते नहीं। यदि एक आदमी हमेशा देनेवाला है और दूसरा हमेशा लेनेवाला है तो अंततः संबंध बिगड़ जाता है। यह सभी प्रकार के संबंधों में होता है, जिसमें कार्य-समूह का संबंध भी शामिल है।

हम लालच, आत्मोन्नति व कृत्रिम संबंधों से ईंधन प्राप्त करनेवाली व्यापारिक दुनिया में रहते हैं, जिसमें वास्तविक गहराई, उद्देश्य व अर्थ का अभाव होता है। उदाहरण के लिए, एक कंपनी साझेदारी व पारस्परिकता के माध्यम से अपने अच्छे इरादों में गति बनाने की कोशिश करती है; लेकिन उसे धूर्तता का सामना करना पड़ता है, जब दूसरा पक्ष संबंध में योगदान करने तथा मूल्य जोड़ने की इच्छा के बिना उनमें से सबसे अधिक प्राप्त करने की कोशिश करता है। इस तरह एकतरफा संबंध बस, समय का हस्ताक्षर बनकर रह जाता है। अकसर ऐसा देखने को मिलता है कि कई कंपनियों के नेतृत्वकर्ता एक तरफ बौद्धिक पूँजी (इंटेलेक्चुअल कैपिटल) व तकनीकी ज्ञान की कमी पूरी करने की कोशिशों में जुटे रहते हैं तो दूसरी तरफ अनैतिक व्यापार-व्यवहारों को लागू किए रखते हैं। इसी का नतीजा है कि अवसरों की खाइयाँ और अधिक चौड़ी होती जा रही हैं, विकास की स्वाभाविक प्रक्रिया बाधित हो रही हैं और व्यवसाय जगत् में विश्वास की कमी की स्थिति सुधरने की बजाय लगातार बिगड़ती ही जा रही है।

इसकी असल वजह यह है कि पारस्परिक रूप से लाभप्रद व्यापार संबंधों का निर्माण हमारी आम धारणा से कहीं अधिक जटिल व मुश्किल

है। मामला सिर्फ इतना भर नहीं है कि आप किसी पर अब और अधिक विश्वास कर सकते हैं या नहीं, बल्कि असल मुद्दा यह है कि क्या आप दूसरे पक्ष से ठोस मूल्य जोड़ने की उम्मीद कर सकते हैं?

इस विडंबना को हम इस उदाहरण से समझ सकते हैं। किसी कंपनी के मुख्य कार्यकारी अधिकारी (सी.ई.ओ.) ने अपने प्रबंधन सलाहकार को अपने किसी बाहरी साझेदार कंपनी की मदद करने का आग्रह किया। वह भी उच्च प्रतिष्ठित कंपनी थी और उसके नेतृत्वकर्ता भी बड़ी हैसियत के व्यक्ति थे। लेकिन, सलाहकार तब भौचक रह गया था, जब बातचीत के दौरान वह नेतृत्वकर्ता सिर्फ अपने मतलब व जरूरत के सवाल पूछता रहा था। उन सवालों में ग्राहक कंपनी की कई सूचनाएँ (प्रोप्राइटरी इन्फॉर्मेशन) भी शामिल थीं, जिन्हें वह सलाहकार किसी से भी साझा नहीं कर सकता था। हैरानी की बात यह थी कि उस व्यक्ति ने एक बार भी यह नहीं पूछा था कि वह अपने साझेदार कंपनी के लिए क्या कर सकता था। इस अनुभव से उस सलाहकार को समझते देर नहीं लगी थी कि वह नेतृत्वकर्ता उसकी ग्राहक कंपनी के साथ अपने संबंध को महत्त्व नहीं देता था, उसमें पेशेवर व सामान्य शिष्टाचार का अभाव था और उसके पास कोई वास्तविक बुद्धिमत्ता नहीं थी। स्पष्ट था कि वह बेहद स्वार्थी नेतृत्वकर्ता अपने जवाब खोजने की हताश कोशिशें कर रहा था। उसके व्यवहार से उस सलाहकार को यह अनुमान लगाने में देर नहीं लगी थी कि वह व्यक्ति लंबे समय तक उस प्रतिष्ठित कंपनी का नेतृत्वकर्ता भी नहीं रह सकता था।

आखिरकार बिना आदान-प्रदान के, चाहे वह व्यापारिक संबंध हों या कार्य-समूह के आपसी संबंध या फिर पारिवारिक व निजी संबंध, सब महज शून्य के जोड़ के ही खेल हैं। उसमें गति पैदा करना और उसे बनाए रख पाना संभव ही नहीं हो सकता। विडंबना यही है कि इन दिनों अधिकांश नेतृत्वकर्ता किसी भी पारस्परिकता के बिना ही अपने

कर्मचारियों, ग्राहकों व भागीदारी से अधिक की उम्मीद करने लगे हैं। लेकिन, वे इस सच्चाई को झुठलाने की बेकार कोशिशें क्यों कर रहे हैं कि वे अकेले नेतृत्व नहीं कर सकते? नेतृत्व के लिए ऐसे संबंधों की जरूरत होती है, जो पारस्परिक मूल्य जोड़ता हो। जिस क्षण नेतृत्वकर्ता किसी संबंध का सही मूल्यांकन नहीं करता या फिर उसे हलके में लेता है, तभी वह संबंध खत्म हो जाता है। दुर्भाग्य यही है कि अधिकांश नेतृत्वकर्ता सिर्फ अपने तात्कालिक स्वार्थ की पूर्ति के लिए किसी व्यक्ति विशेष, कंपनी या ब्रांड के साथ जुड़ने की कोशिश करते हैं और उन्हें व्यापारिक संबंध मानकर पकड़े रखते हैं। लेकिन, एकतरफा स्वार्थ पर आधारित व्यापारिक संबंध बहुत लंबे समय तक नहीं चल सकते।

पहले से कहीं अधिक, आज के नेतृत्वकर्ताओं के लिए यह बेहद जरूरी हो गया है कि वह व्यापारिक संबंधों के सबसे प्रभावी मूल्यांकन के लिए अप्रत्याशित घटनाओं का पूर्वानुमान कैसे करें। जो व्यापारिक संबंध बनाए रखने लायक नहीं हैं, यानी संबंधों की पारस्परिकता का अभाव है, उनके जाल में फँसने तथा गलत दिशा में आगे कदम बढ़ाने से बचने के लिए निम्नलिखित संकेतों पर विचार करना बहुत जरूरी है—

जहाँ हमेशा कोई-न-कोई बहाना हो : आपके व्यापारिक संबंध में पारस्परिकता का अभाव तब स्पष्ट होता है, जब आपको अकेले ही सारा काम करना पड़ता है; क्योंकि दूसरी तरफ हमेशा कोई-न-कोई बहाना बनाया जाता है। जब बहाने लगातार प्रबल होना शुरू हो जाएँ तो यह एक संकेत है कि आपका व्यापार संबंध एकतरफा होता जा रहा है और दूसरा पक्ष खुद को खतरे में, असहज, क्षेत्रीय व दूर महसूस कर रहा है। ऐसी स्थिति में खुद अधिक निराशा व नुकसान का दंड भोगने की बजाय अपने व्यापार संबंध का परीक्षण शुरू कर देना चाहिए, फिर, अपने व्यापार संबंधों से अधिक की माँग करनी चाहिए। यदि दूसरे पक्ष के प्रदर्शन में सुधार नहीं हो रहा हो और बहानेबाजी का रवैया अभी भी

स्थिर बना रहे तो अपने आप पर एहसान करते हुए उस संबंध को त्याग देने की हिम्मत जुटाइए। यदि आप ऐसे संबंध में हैं, जो आपको पर्याप्त मूल्य नहीं दे रहा है तो बहुत देर हो जाने से पहले बाहर निकल जाएँ।

कभी भी एकतरफा स्वामित्व न लें : जब दोनों पक्ष संबंध के आपसी लाभ का स्वामित्व नहीं लेते हैं तो यह स्पष्ट संकेत है कि उस संबंध के पुनर्मूल्यांकन का समय आ गया है। कितनी ही बार आपने भी ऐसे कारोबारी संबंध बनाए होंगे, जब शुरू-शुरू में दोनों ही पक्ष समान रूप से उत्साहित होते हैं, लेकिन कुछ समय बाद संबंधों की गरमाहट कम होने लगती है। कई बार ऐसा देखने में आता है कि जब दो पक्षों में से किसी एक की बाजार प्रासंगिकता (मार्केट रेलेवेंसी) कम होनी शुरू होती है तो उनका सामूहिक प्रभाव भी धीमा होने लगता है। वे जिस ढर्रे पर वर्षों से अपनी सामूहिक वृद्धि को चलाते आ रहे थे, वह अब कोई भी नतीजा नहीं निकाल पा रहा है। जब वे बाजार की जरूरतों को साथ बनाए नहीं रख पाते तो पारस्परिकता मुश्किल हो जाती है और अंत में संबंध समाप्त हो जाता है। ऐसे व्यापार संबंध को बनाए रख पाना काफी मुश्किल है, जब आप केवल स्वामित्व लेने एवं प्रासंगिक बने रहने के लिए सक्षम हैं, क्योंकि आपका कार्य-समूह व ब्रांड दूसरे पक्ष की ताकत व क्षमताओं को निष्प्रभावी करता है।

अवसर को लपकने की सीमित क्षमताएँ : बहुत से कारोबारी संबंधों की रचना इसलिए हो जाती है कि दो व्यक्तियों की मुलाकात या परिचय काफी प्रभावकारी होता है। लेकिन, समय के साथ आप पाते हैं कि उस पारस्परिकता को बनाए रखना मुश्किल हो जाता है, क्योंकि जो लोग उस व्यापारिक संबंध को निभाने के लिए जिम्मेदार हैं, उनकी क्षमताएँ सीमित हैं। उदाहरण के लिए, संगठन के शीर्ष नेतृत्वकर्ता सबसे प्रभावशाली लग सकते हैं। वे सही बातें कहते हैं और संबंध में गरमाहट बनाए रखने के लिए अपने योगदान के बारे में भी बहुत सारे वादे करते

हैं। लेकिन सच्चाई यह है कि संबंधों में जान फूँकने की जिम्मेदारी का भार जिन कंधों पर लाद दिया जाता है, उनकी सबसे अच्छी योग्यता औसत भी हो सकती है।

आपने जिस कंपनी के साथ संबंध स्थापित किया है, यदि उनके लोगों के मुकाबले आपकी क्षमताएँ बहुत अधिक हैं तो यह स्पष्ट संकेत है कि आप फिसलन भरे ढलान की तरफ बढ़ रहे हैं, जहाँ पर अवसरों को एक साथ मिलकर लपका नहीं जा सकता। अपने व्यापार संबंधों को लगातार चौकस बनाए रखें। यदि वे समय, धन व संसाधनों के सभी मामलों में आपसे बड़े निवेश की उम्मीद कर रहे हैं तो उनकी वचनबद्धता व सूचना को चुनौती दें। साथ ही, इसके प्रति जागरूक बने रहें कि किसकी विषय-वस्तु विशेषज्ञता (सब्जेक्ट मैटर एक्सपर्टाइज) परिणामों को दिशा देने में वास्तविक अंतर बना रही है। यदि आप अकेले ही सबकुछ साझा कर रहे हैं तो वह समय आ गया है, जब आपको संबंध खत्म कर देना चाहिए, नहीं तो परिस्थितियाँ आपको ऐसा करने के लिए मजबूर कर देंगी।

सार्थक तरीके से योगदान का अभाव : जब हरेक पक्ष एक-दूसरे के सर्वोत्तम कार्य-व्यवहारों, ज्ञान व बुद्धिमत्ता की फसलों को साझा करते हैं तो सफल संबंध प्रतिफल होते हैं। वे संबंध संवेग नहीं बना सकते, जिनमें दोनों पक्षों में से किसी एक में भी सहयोग करने और एक साथ मिलकर जीतने के लिए नए तरीके खोजने की इच्छा का आभाव होता है। जो आदान-प्रदान करने में लगातार असफल होते हैं, वे असल में जोंक जैसे होते हैं। जोंक हमेशा दूसरे प्राणी के साथ चिपककर उसका खून चूसते हैं। इसी तरह जोंक प्रवृत्ति के व्यक्ति विशेष हमेशा दूसरों के विचारों व रणनीतियों को चुराने या उनका श्रेय लेने की कोशिश करते हैं। उनमें साहस की कमी होती है और वे अपनी कमी को स्वीकार करने में असुरक्षा महसूस करते हैं। ऐसे लोग हमेशा दूसरों की बौद्धिक संपदा

(इंटेलेक्चुअल प्रॉपर्टी) व तकनीकी जानकारियों (टेक्निकल नो-हाउ) की फसल को साझा करने की जोड़-तोड़ की खोज में लगे रहते हैं; लेकिन बदले में भी ऐसा नहीं करना चाहते। ध्यान रहे कि इस तरह के कारोबारी नेतृत्वकर्ता आपके सर्वोत्तम हितों को अपने दिल में जगह नहीं देते और सिर्फ अपना उल्लू सीधा करने की कोशिशों में जुटे रहते हैं। वे संबंध को पारस्परिक रूप से लाभप्रद बनाने के लिए समझौता करने को तैयार नहीं होते हैं।

जब व्यापार संबंध विनिमय पर केंद्रित अपने आधारभूत साझा लक्ष्य से भटक जाते हैं और उद्देश्य व नतीजों के बीच जरूरी संतुलन बनाए रखने की रणनीति पर ध्यान केंद्रित नहीं कर पाते हैं तो स्पष्ट संकेत मिलता है कि संबंध खुद को लंबे समय तक बनाए नहीं रख सकता। ऐसी स्थिति में सबसे अच्छा तरीका यही है कि हम सम्मान के भाव को बनाए रखते हुए संबंध तोड़कर मुक्त हो जाएँ और नई दिशा में आगे बढ़ जाएँ।

आभार की भावना न हो : कई बार व्यापार संबंध ऐसी आत्म-तुष्टि की स्थिति में पहुँच जाते हैं, जब दोनों पक्ष बिना किसी ठोस प्रमाण के एक-दूसरे के महत्त्व को कम मानना शुरू कर देते हैं। ऐसे में, जब आप या दूसरा पक्ष समूचे संबंध की बेहतरी के लिए की जा रही कोशिशों की प्रशंसा खोना शुरू कर देते हैं तो एक-दूसरे के प्रति आदर का भाव भी तेजी से मुरझाने लगता है। यदि किसी व्यवसाय संबंध में आप आदर नहीं खोज सकते तो कभी एक साथ मिलकर संबंध के संवेग को भी बनाए नहीं रख पाएँगे। जब संबंध में आदर की भावना गूँजती है तो वह संबंध के प्रभाव को कई गुना बढ़ा देती है। लेकिन, आदर के बिना विश्वास खत्म होने लगता है, आत्म-तुष्टि उगने लगती है और पारस्परिकता मुरझाने लगती है। यदि कभी भी पता चले कि आप दूसरों से आदर खो रहे हैं तो अपने संबंधों के प्रवाह को तत्काल ठीक करें और तनाव में वृद्धि एवं समस्याओं के बढ़ने से पहले ही सौहार्दपूर्ण ढंग

से अपना रास्ता अलग कर लें।

यदि वास्तविक व्यापार संबंध दोनों पक्षों के लिए सकारात्मक परिणाम पैदा करते हैं तो उसकी एकमात्र वजह होती है—पारस्परिकता। बिना पारस्परिकता के कोई संबंध नहीं हो सकता। यदि आप एक-दूसरे का समर्थन लेना बंद कर देते हैं और लेने से अधिक देने की इच्छा में कमी आ जाती है तो संबंध तेजी से बिगड़ना शुरू हो जाता है। विशेष रूप से जब आप नवाचार व पहल का माहौल बनाना चाहते हैं तो जिन लोगों के साथ संबंध बनाकर आप काम करते हैं, उनकी बहुत अधिक परवाह करनी पड़ेगी और उन पर भरोसा रखना होगा।

वास्तव में, सबसे अधिक सफलता उन्हीं लोगों को मिलती है, जो ऐसे लोगों से घिरे रहते हैं, जो अपनी सामूहिक सफलता को जारी रखना चाहते हैं। और, पारस्परिकता के ऐसे संबंधों में ही आपके व्यापार संबंध भी शामिल होते हैं। तो, विश्वास व आपसी सम्मान की भावना पर स्थापित संबंधों का पालन-पोषण करें, जो एक-दूसरे के सर्वोत्तम हितों को दिल में जगह देने से पैदा होते हैं और फूलते-फलते हैं। साथ ही, ऐसे संबंधों को तोड़ लेना भी सीखें, जो दूसरों की स्वार्थ-सिद्धि के लिए बनाए जाते हैं, जहाँ पर आपसे लेने की कोशिशें तो की जाती हैं, लेकिन कभी देने की पहल नहीं की जाती।

□

2

दूसरों को कैसे समझें?

सफलता के लिए दूसरों के साथ अच्छा संबंध बहुत जरूरी है। पिछले अध्याय में हम संबंधों की विशेषताओं के बारे में पढ़ चुके हैं। लेकिन दूसरों को समझे बिना आप उनके साथ कैसे संबंध विकसित कर सकते हैं। यदि आप सफल होने की इच्छा रखते हैं और अपने आसपास की दुनिया पर सकारात्मक प्रभाव डालना चाहते हैं तो आपको दूसरों को समझने की क्षमता की जरूरत है। दूसरों की समझ आपको न केवल कारोबार को बल्कि जीवन के हर क्षेत्र को प्रभावित करने की क्षमता देता है।

लोगों की समझ दूसरों के साथ संवाद करने की आपकी क्षमता को प्रभावित करती है। जरा ध्यान से सोचिए कि दूसरों को समझाने या सहमत करने की कोशिश में आपसे सबसे बड़ी गलती क्या होती है? यही कि हम दूसरों को समझने की कोशिश ही नहीं करते, बल्कि अपने विचारों व भावनाओं को प्रकट करने पर सबसे अधिक जोर देते हैं। लेकिन, वास्तव में अधिकतर लोग आपसे क्या सुनना, समझना व आदर करना पसंद करते हैं? जब आपकी बातचीत से लोगों को यह पता चलता है कि आप उन्हें ठीक प्रकार से समझ पा रहे हैं तो फिर वे आपके दृष्टिकोण को समझने के लिए उत्साहित होते हैं। लेकिन, लोगों

को समझने के लिए आपके लिए यह जानना बहुत जरूरी है कि वे कैसे सोचते हैं, वे क्या महसूस करते हैं, उन्हें क्या प्रेरित करता है और वे किसी विशेष परिस्थिति में किस प्रकार क्रिया या प्रतिक्रिया कर सकते हैं। और, यदि आप लोगों को ठीक प्रकार से जानना-समझना सीख लेते हैं, तब आप उन्हें प्रोत्साहित कर सकते हैं और सकारात्मक रूप से प्रभावित भी कर सकते हैं।

आपके जीवन में भी कम-से-कम एक बार ऐसा क्षण जरूर आया होगा, जब किसी के कुछ करने पर आपने ऐसा कुछ कहा होगा, "उन्होंने ऐसा क्यों किया? वे ऐसा कैसे कर सकते थे? मुझे तो समझ में ही नहीं आता।" वास्तव में, आपके साथ ऐसा शायद कई बार होगा, जब आपको लगेगा कि आप लोगों को नहीं समझते हैं। वे कैसे सोचते हैं, वे किस तरीके से काम करते हैं या उनका उद्देश्य या इरादा क्या है—यह सबकुछ आपको समझ में नहीं आता। लेकिन, दूसरों से टकराव की स्थितियों को कम करने और अपने संबंधों को सुधारने के लिए तो आपको दूसरों को समझना ही पड़ेगा। इसके लिए जरूरी है कि आप उनके व्यक्तित्व का मूल्यांकन करने के लिए समय लगाएँ, अपने मन को खुला रखें और अपने आप को भी समझें।

व्यक्तित्वों का मूल्यांकन

लोग स्वाभाविक व आनुवंशिक रूप से एक-दूसरे से अलग होते हैं। इसीलिए विभिन्न व्यक्तित्वों के मूल्यांकन के लिए हमें उनके व्यक्तित्व की विशेषताओं व प्रकारों की पहचान करनी पड़ती है।

व्यक्तित्व की विशेषताओं की पहचान : निश्चित तौर पर व्यक्तित्व प्रकार लोगों को समझने के लिए दिशा-निर्देश के रूप में काम कर सकते हैं। लेकिन, व्यक्तियों के अनुभव, स्थितियाँ और यहाँ तक कि उनकी तात्कालिक मनोदशा भी उनके कार्य को प्रभावित करते हैं। ऐसे में व्यक्तित्व की विशेषताओं (पर्सनैलिटी ट्रेट) की पहचान भी बहुत

जरूरी होती है। इसके लिए 'बिग फाइव' पद्धति का उपयोग किया जाता है, जिसके अंतर्गत मनुष्य की पाँच विशेषताओं—खुलापन (ओपेनेस), विवेकशीलता (कॉनसिन्ससनेस), बहिर्मुखता (एक्सट्रोवर्जन), सहमतता (एग्रीएबलनेस) व मनोविक्षुब्धता (न्यूरोटिसिज्म)—पर विचार किया जाता है। किसी व्यक्ति में ये विशेषताएँ या लक्षण हैं या नहीं, इसकी निगरानी कर आप उस व्यक्ति के बारे में धारणा कायम कर सकते हैं कि वह कुछ नया करने, किसी कार्य-समूह में काम करने या फिर झगड़ा करने की कोशिश के लिए कितना इच्छुक होगा।

- **खुलापन (ओपेननेस) :** कल्पनाशीलता व अंतर्दृष्टि-संपन्नता इस स्वभाव के व्यक्तियों की विशेषताएँ हैं। खुले स्वभाववाले व्यक्ति अधिक साहसी व रचनात्मक होते हैं। जिन लोगों में इन विशेषताओं की कमी होती है, वे अकसर बहुत अधिक पारंपरिक होते हैं और उन्हें अमूर्त सोच (एब्सट्रेक्ट थिंकिंग) के साथ संघर्ष करना पड़ सकता है। बदलाव व नए सुझावों के प्रति कोई व्यक्ति कैसी प्रतिक्रियाएँ करता है, उनसे यह निश्चित किया जा सकता है कि वह नए अनुभवों व विचारों के लिए कितना खुला है, यानी उसके व्यक्तित्व में खुलेपन की विशेषता कितनी है। यदि वह नई योजनाओं का स्वागत करता है तो उसका खुलापन निश्चित होता और यदि वह उसका विरोध करता है तो स्पष्ट हो जाता है कि उसमें खुलेपन की कमी है।
- **विवेकशीलता (कॉनसिन्ससनेस) :** उच्च स्तर की चिंतनशीलता, मनोभावनाओं पर अच्छा नियंत्रण व लक्ष्य-निर्देशित कार्यशीलता विवेकशील व्यक्तियों की स्वाभाविक विशेषताएँ हैं। इस स्वभाव के व्यक्ति संगठित और विवरण के प्रति जागरूक होते हैं। व्यक्ति विशेष की आदतों की निगरानी

करें कि वह अपने बारे में या अपने आसपास के वातावरण के बारे में कितना जागरूक है। इससे निश्चित होता है कि उस व्यक्ति की विवेकशीलता का स्तर क्या है। वह विवरण-उन्मुख (डिटेल ओरिएंटेड) व सुसंगठित (वेल ऑर्गेनाइज्ड) है या नहीं? इसी से पता चलता है कि वह व्यक्ति सही काम करने को इच्छुक होगा या नहीं और वह अपना काम या कर्तव्य अच्छे ढंग से तथा गंभीरता से पूरा करेगा या नहीं।

- **बहिर्मुखता (एक्सट्रोवर्जन) :** उत्तेजनशीलता, मिलनसारिता, मुखरता, आग्रहिता व भावनात्मक अभिव्यक्ति की उच्च मात्रा इस स्वभाव के व्यक्तियों की विशेषताएँ हैं। जिन लोगों की बहिर्मुखता उच्च होती है, वे बहिर्गामी होते हैं और विभिन्न सामाजिक स्थितियों में ऊर्जा हासिल करने की कोशिशें करते हैं। जिन लोगों में बहिर्मुखता बहुत कम होती है यानी जो अंतर्मुखी (इंट्रोवर्ट) होते हैं, वे अपने आप में सीमित रहना पसंद करते हैं और सामाजिक व्यवस्था में ही अपनी ऊर्जा का विस्तार करने की कोशिश करते हैं।

ध्यान दें कि कोई व्यक्ति दूसरों के साथ बातचीत या सूचनाओं का आदान-प्रदान कैसे करता है। इसी से यह निर्धारित किया जा सकेगा कि वह व्यक्ति कितना बहिर्मुखी है। क्या वह व्यक्ति अकेले ही काम करने को इच्छुक दिखता है? यदि हाँ, तो उस व्यक्ति में बहिर्मुखता का अभाव है, अर्थात् वह अंतर्मुखी व्यक्ति है। यदि वह कमरे में हर किसी से बात करने के लिए इधर-उधर घूम रहा है तो स्पष्ट है कि वह बहिर्मुखी स्वभाव का व्यक्ति है।

- **सहमतता (एग्रीएबलनेस) :** विश्वास, परोपकारिता, दया, स्नेह व अन्य सामाजिकतापूर्ण व्यवहार इस स्वभाव के व्यक्तियों की विशेषताएँ होती हैं। जिन लोगों के स्वभाव में सहमतता का

स्तर उच्च होता है, वे ज्यादा सहकारी होते हैं; लेकिन जिनमें इसका स्तर कम होता है, वे अधिक प्रतिस्पर्धी व जोड़-तोड़ करनेवाले भी हो सकते हैं। कुछ इस तरह के खुले सवाल कीजिए—'आप इस नई परियोजना के बारे क्या सोचते हैं, 'बिक्री लक्ष्य के बारे में आप क्या महसूस करते है?' 'नई भोजन सूची के बारे में आपकी क्या राय है?' आदि। फिर इन सवालों के उत्तर को ध्यान से सुनिए। आपको पता चल जाएगा कि किसमें कितनी सहमतता है।

- **मनोविक्षुब्धता (नयूरोटिसिज्म) :** उदासी, चिड़चिड़ापन व भावनात्मक अस्थिरता इस स्वभाव के व्यक्तियों के लक्षण होते हैं। जिन व्यक्तियों में ये लक्षण उच्च होते हैं, उनका मन तेजी से बदलता है और वे चिंता, चिड़चिड़ापन व उदासी का अनुभव भी करते हैं। लेकिन जिनमें लक्षण निम्न होते हैं, वे अधिक स्थिर व भावनात्मक रूप से लचीले हो जाते हैं। ऐसे लोगों से बात करके देखिए या उनके कार्य-व्यवहारों की निगरानी कीजिए, आपको पता चल जाएगा कि किस व्यक्ति में मनोविक्षुब्धता का स्तर क्या है।

व्यक्तित्व के प्रकारों की पहचान : आप लोगों को बेहतर समझने में सक्षम हो जाएँगे, यदि आप मूल्यांकन करें कि वह किस व्यक्तित्व-प्रकार (पर्सनैलिटी टाइप) के लग रहे हैं। जब आपको यह पता चलेगा कि वह किस प्रकार के व्यक्ति हैं, तब आपको यह समझने में मदद मिलेगी कि वे कुछ निश्चित चीजें क्यों कहते व करते हैं। इससे आपको यह समझने में मदद मिलेगी कि उसके साथ कैसे बातचीत करें, जो आप दोनों (या आपके लाभ) के लिए कारगर हो।

व्यक्तित्व के बारे में कई अलग-अलग सिद्धांत हैं, जिनमें से कई वर्षों के अनुसंधान के बाद निश्चित किए गए हैं। उनमें से सबसे लोकप्रिय

सिद्धांत है—शरीर की भाषा (बॉडी लैंग्वेज)।

- **शरीर भाषा (बॉडी लैंग्वेज) :** लोगों को ध्यानपूर्वक सुनें कि वे आपसे क्या कह रहे हैं और उनके चाल-चलन व शरीर की भाषा को देखें। उदाहरण के लिए, आप किसी ऐसे व्यक्ति से बात कर रहे हैं, जिसके बारे में कुछ भी नहीं जानते। ऐसे में उसके साथ विभिन्न विषयों पर बातचीत करते हैं। यदि बातचीत के क्रम में परिवार से संबंधित कोई विषय आने पर उसका शरीर अचानक सख्त हो जाता है तो आप निश्चित तौर पर यह मान सकते हैं कि यह उसके लिए संवेदनशील विषय है। इसी तरह, समय के साथ उसके शरीर की भाषा से आप ऐसी बहुत सी संवेदनशील जानकारियाँ इकट्ठा कर लेते हैं, जो उसके संपूर्ण व्यक्तित्व की रूपरेखा खींचने में आपकी मदद करता है।
- **आमतौर पर मनुष्य को उनके स्वभाव के आधार पर चार व्यक्तित्व-प्रकारों में बाँटा जाता है**—चंचल, शांतिपूर्ण, शक्तिशाली व सुव्यवस्थित। इस पद्धति से आप विभिन्न प्रकार के लोगों को आसानी से समझ सकेंगे और यह समझदारी आपको उन तक पहुँच बनाने, उन्हें प्रभावित कर पाने या उनकी बातों पर उचित प्रतिक्रिया व्यक्त करने में आपकी काफी मदद करेगी।
- **चंचल (प्लेफुल) :** ऐसे लोग उत्साही होते हैं। वे मजाकिया व मुखर होते हैं। वे बहिर्मुखी हैं, जो बातचीत करना पसंद करते हैं और सोचने से पहले बोलते हैं। वे लोगों का संजाल बनाने, घुलने-मिलने व मौज-मस्ती करने में सबसे अच्छे होते हैं। वे किसी भी बात को ज्यादा समय तक मन में नहीं रखते हैं और दूसरों की गलतियों को बहुत जल्दी माफ भी कर देते

हैं। हाँ, ऐसे लोगों की निजी जिंदगी असंगठित होती है और वे आसानी से विचलित हो सकते हैं। कारोबार में ऐसे लोग ही नवाचारी होते हैं; हमेशा नए-नए विचार पैदा करते हैं और बहुत ही रचनात्मक होते हैं। वे बहुत तेजी से काम करने को इच्छुक होते हैं या फिर बिल्कुल ही काम नहीं करते। इसीलिए, ऐसे लोग उस काम पर ध्यान केंद्रित करते हैं, जिसमें उनको सबसे अधिक आनंद आता है।

- **शांतिपूर्ण (पीसफुल)** : इस श्रेणी के लोग बहुत ही शांत स्वभाव के होते हैं। वे बहुत ही बेपरवाह लगते हैं और आप उनसे आसानी से संपर्क बना सकते हैं। ऐसे ही लोग कूटनीतिक (डिप्लोमेटिक) व धैर्यवान् भी होते हैं। वे झगड़े से नफरत करते हैं और टकराव से बचने के लिए वे अपनी शक्ति पर सबकुछ करते हैं। वे बहुत मजबूती के साथ स्थिर होते हैं; अपने आपमें आरामदायक महसूस करते हैं और उनका दिमाग हमेशा जमीन पर रहता है, इसलिए वे बेहद संतुलित व समझदार होते हैं। उनके क्रिया-कलाप में न तो ज्यादा चढ़ाव होता है और न ही उतार, इसलिए ऐसे लोगों को समझ पाना अकसर काफी मुश्किल होता है। खुशी, उदासी, गुस्सा, निराशा या उत्साह—यह सब उन पर लग रहा होता है। आप उन्हें कभी भी अधिक उत्साहित नहीं देख सकते, जैसा कि चंचल व शक्तिशाली श्रेणी के व्यक्तित्व-प्रकारों में देखने को मिलता है।
- **शक्तिशाली (पॉवरफुल)** : इस व्यक्तित्व-प्रकार के लोग मुखर, निर्णायक व उत्पादक होते हैं। ये ही लोग काम करनेवाले होते हैं। आप इन्हें मानव-यंत्र भी कह सकते हैं। ये ही वे लोग हैं, जो कार्य-स्थल में हमेशा सबकुछ अपने नियंत्रण में रखते

हैं। ये लोग जोखिमबाज होते हैं और कभी अपने लक्ष्य को छोड़ते नहीं। शक्तिशाली व्यक्तित्व-प्रकार के लोग आंतरिक रूप से बहुत मजबूत होते हैं और यही कारण है कि वे हर चीज अपने ही तरीके से करते हैं। ये लोग बहुत कठिन परिश्रम करते हैं, अपने लक्ष्य को हासिल करने के लिए कोई कसर बाकी नहीं छोड़ते। ये सबकुछ 'अभी' करना चाहते हैं और इनका 'अब' कभी भी बहुत अधिक नहीं होता। ये अनथक व असंतुष्ट प्रकार के लोग होते हैं। इनके लक्ष्य कभी भी खत्म नहीं होते। ज्यों ही एक पूरा होता है, दूसरा सामने आ जाता है।

- **सुव्यवस्थित (प्रिसाइज)** : इस व्यक्तित्व-प्रकार के लोग बहुत ही सतर्क होते हैं और विवरण पर बहुत अधिक ध्यान देते हैं। वे बोलने से पहले सोचते हैं। वे हरेक कार्य की संरचना बनाते हैं, उसका क्रम निश्चित करते हैं और फिर उनके अनुपालन पर जोर देते हैं। वे संगठित, स्पष्ट व प्रक्रिया-संचालित (प्रोसेस-ड्रिवेन) होते हैं, यानी हरेक कार्य को स्थापित आधिकारिक तरीके से ही करते हैं। वे पूर्णतावादी (परफेक्शनिस्ट) व शुद्धतावादी (प्योरिस्ट) होते हैं, जो गलतियों से घृणा करते हैं। उनकी कमीज-पतलून अच्छी तरह से इस्तरी किए हुए होते हैं। उनके मोजे भी हमेशा मेल खाते हुए होते हैं। उनका केश-विन्यास (हेयर कटिंग) भी सटीक होता है और हर कार्य को सूचीबद्ध तरीके से करना पसंद करते हैं। ध्यान रहे कि सुव्यवस्थित व्यक्ति के अभाव में हमारा कारोबार अराजक व असंगठित हो जाएगा; हमारे घर गंदे व अव्यवस्थित हो जाएँगे। वे खेलने या आराम करने से पहले काम को सामने रखते हैं और आमतौर पर काम को ठीक प्रकार से पूरा करने से पहले रुकते नहीं।

- **लोगों की जरूरतों को पूरा करें।** एक बार जब आप व्यक्तित्व-प्रकार की पहचान कर लेते हैं तो आपके लिए यह आसान हो जाता है कि उसके साथ क्या, कब व कैसे बातचीत करें। इस तरह आप संबंधित व्यक्ति से इस प्रकार से बातचीत कर पाएँगे, जो उसकी भावनात्मक जरूरतों और आपके लक्ष्यों को पूरा कर सकता हो।
- चंचल, बहिर्मुखी व खुले व्यक्तित्व- प्रकारों को ध्यान, स्नेह व अनुमोदन की जरूरत होती है। ऐसे लोग दूसरों के साथ बातचीत करने और समय बिताने में आनंद लेते हैं। इसीलिए ऐसे व्यक्तियों को अपना ध्यान दें और उनका ध्यान आकर्षित रखने, उनके साथ स्नेहपूर्ण व्यवहार करने और उनके विचारों व प्रस्तावों का अनुमोदन करें।
- शांतिपूर्ण व्यक्तित्व प्रकार के लोगों को सम्मान, महत्त्व व सद्‌भावना की जरूरत होती है।
- **शक्तिशाली व्यक्तित्व :** प्रकार के लोगों को श्रेय, निष्ठा व सराहना की जरूरत होती है। ऐसे लोग कठिन परिश्रम से लक्ष्य को पूरा करते हैं तो अपने काम का श्रेय भी लेना चाहते हैं। चूँकि वे पूरे मन से काम करते हैं, इसलिए जिसके लिए काम करते हैं, उनसे पूरी निष्ठा व सराहना की भी उम्मीद करते हैं। वे इन मामलों में किसी भी प्रकार की कमी बरदाश्त नहीं करते हैं। यदि उनकी अपेक्षा के मुताबिक श्रेय, निष्ठा व सराहना नहीं मिली तो वे अपने उत्साह को बरकरार भी नहीं रख पाते, जिससे कारोबार में भारी नुकसान भी हो सकता है। साफ है कि इस प्रकार के लोगों के साथ बहुत ही तत्परता व ईमानदारी के साथ व्यवहार करना बहुत जरूरी होता है।
- **सुव्यवस्थित व्यक्तित्व :** प्रकार के लोगों को खुले, शांत व

संवेदनशील माहौल की जरूरत होती है। ऐसे लोगों के साथ कम-से-कम व सटीक बातचीत करें, वरना वे आपकी तरफ ध्यान ही नहीं देंगे। ऐसे लोगों से नजदीकी बना पाना थोड़ा मुश्किल होता है।

खुले मन से बातचीत करें

व्यक्तित्व के मूल्यांकन भले ही दूसरों से संबंध बनाने का अचूक तरीका नजर आता हो, लेकिन इस तरीके से आप दूसरों के बारे में गलत अनुमान भी लगा सकते हैं। तो, व्यक्तित्व-प्रकार के मूल्यांकन के समय बहुत ही सावधानी बरतने की जरूरत पड़ती है। इससे आप व्यक्ति-विशेष के व्यक्तित्व की रूपरेखा तो बना सकते हैं, लेकिन पक्के तौर पर कोई धारणा नहीं कायम कर सकते। इसीलिए दूसरों के साथ संबंध बनाने का अधिक कारगर तरीका माना जाता है—खुले मन से बातचीत।

धारणाओं से बचें : कभी-कभी कई लोग मतलबी व अमित्रवत् लगते हैं, जबकि वास्तव में वे शरमीले होते हैं और बातचीत करने में खुद को असहज महसूस करते हैं। ऐसे में, किसी के बारे में किसी प्रकार की कोई धारणा न बनाएँ। यह अनुमान न लगाएँ कि वह क्या सोच रहा है या फिर उसका इरादा क्या है। उसके ऊपरी व्यवहार का कारण ढूँढ़ने की कोशिश करें और उसे संदेह का लाभ दें। ऐसे में आप खुद से पूछें, "वह ऐसा क्यों कर रहा होगा?" हो सकता है कि इस सवाल से आपको उसके बारे में कई दूसरे प्रकार के विश्लेषण मिलें।

उदाहरण के लिए, यदि कोई अशिष्ट व्यवहार कर रहा है तो उसे मतलबी न मानें। इसकी बजाय खुद से पूछें, "कहीं वह परेशान या थका हुआ तो नहीं है कि इस तरह व्यवहार कर रहा है?" या "क्या मेरी टिप्पणी का वास्तविक भाव उसे ठीक प्रकार से समझ में नहीं आया?" उससे असलियत जानने की कोशिश करें और अपनी-अपनी सोच का विश्लेषण करें। आप उससे पूछ सकते हैं, "आपने ऐसा क्यों कहा?"

या "आपने ऐसा करने का फैसला क्यों किया?" आप दूसरे लोगों की निर्णय-प्रक्रिया के साथ जितना अधिक तालमेल बिठाने की कोशिश करेंगे, उनको ज्यादा बेहतर समझ सकेंगे। फिर आपको उनकी प्राथमिकताओं व धारणाओं के बारे में ज्यादा कुछ पता चल सकेगा।

मतभेद की सराहना करें : आपके लिए दूसरों को समझ पाना ज्यादा आसान होगा, यदि आप दूसरों से यह अपेक्षा न करें कि वह आपके जैसा सोचेगा व करेगा। एक व्यक्तित्व प्रकार के लोगों की राय व दृष्टिकोण भिन्न हो सकते हैं, क्योंकि उनके अनुभव व पृष्ठभूमि अलग-अलग हो सकते हैं। लेकिन, मतभेदों की सराहना करने और सभी के लिए एक जैसी धारणा बनाने से बचने के लिए आपको विभिन्न प्रकार के लोगों, उनके स्थानों व अनुभवों का गहरा अध्ययन करना पड़ेगा। जरूरी नहीं कि आप इसके लिए सभी स्थानों का भ्रमण ही करें। आज इंटरनेट युग में समूची दुनिया की जानकारी आपकी मुट्ठी में है। आप इंटरनेट पर उपलब्ध चलचित्रों (वीडियो) व पुस्तकों के माध्यम से विभिन्न विश्वास प्रणालियों, सभ्यताओं व मूल्यों के बारे में आधारभूत जानकारी इकट्ठा कर सकते हैं। लेकिन, विभिन्न प्रकार के लोगों को जानने के लिए आपको अपने सुविधा-क्षेत्र (कंम्फर्ट जोन) से बाहर के लोगों से बातचीत शुरू करनी पड़ेगी और उनसे मेल-जोल बढ़ाना पड़ेगा। आप लिफ्ट में आते-जाते समय, बस में यात्रा करते हुए या फिर ऑनलाइन चैटिंग के माध्यम से दूसरी पृष्ठभूमि के लोगों से बातचीत कर उनके बारे में जान सकते हैं।

सहानुभूति विकसित करें : आप दूसरों के साथ सहानुभूतिपूर्ण व्यवहार कब कर पाएँगे? जब आप खुद को उसकी जगह रखकर उसके बारे में सोचेंगे। और, जब आप दूसरों से सहानुभूति करना सीख जाएँगे तो भले ही आप उनके जैसा महसूस न करें या उनकी जैसी राय न रखें, फिर भी आप उनकी भावनाओं व दृष्टिकोण को समझ पाएँगे। कई लोग स्वाभाविक रूप से सहानुभूतिक होते हैं, जबकि सभी ऐसे नहीं होते।

लेकिन, दूसरों के प्रति सहानुभूति रखना एक प्रकार का कौशल है, जिसे नियमित अभ्यास से विकसित किया जा सकता है और सुधारा भी जा सकता है।

आप यह अनुमान लगाने की कोशिश कीजिए कि आपके आसपास के लोग आपके बारे में कैसा सोचते होंगे। इससे आपको दूसरों के बारे में सहानुभूति विकसित करने में मदद मिलेगी। आप पुस्तक व चलचित्र के माध्यम से विभिन्न चरित्रों की भावनाओं का अनुमान लगा सकते हैं। जरा गौर से सोचिए, 'यदि मैं उसकी जगह होता तो क्या सोचता?' या 'वह ऐसा क्यों सोचता है?' ध्यान रहे कि खुद को दूसरों की परिस्थिति में रखकर सोचना ही काफी नहीं है, बल्कि आपको वास्तव में उसी व्यक्ति के तरीके से सोचना पड़ेगा। उदाहरण के लिए, आपके दोस्त का कुत्ता मर गया है। आप सोच सकते हैं, 'यदि मेरा कुत्ता मर गया होता तो मैं यही चाहता कि मुझे शोक करने के लिए अकेला छोड़ दिया जाए।' लेकिन, अपने दोस्त के साथ सहानुभूति रखने का मतलब यह नहीं है कि किसी घटना विशेष के बारे में आप कैसे सोचते हैं, बल्कि आपको यह अनुमान लगाना पड़ेगा कि आपका दोस्त कैसे सोच सकता है। हो सकता है कि आपका दोस्त यह चाहता हो कि इस दुःख की घड़ी में कोई उसे अकेला न छोड़े और शोक से बाहर निकलने में उसकी मदद करे। जब आप अपने दोस्त की तरह सोचेंगे तो आपको यह पता चलेगा कि उसका मन कैसे बहलाया जा सकता है, फिर आप उसकी पसंद का केक लेकर जाएँ और उसे खिलाकर गम को भुलाने में उसकी मदद करें।

अपने आपको भी समझें

दूसरों से संबंध बनाने के लिए व्यक्तित्वों के मूल्यांकन एवं खुले मन से बातचीत के तरीकों के अलावा एक तरीका यह भी है कि आप अपने आपको भी समझें।

अपने व्यक्तित्व का पता लगाएँ : यदि आप खुद के व्यक्तित्व

प्रकार को समझ लें तो आपको यह समझ पाने में मदद मिलेगी कि आप दूसरों के बारे में कैसे सोचते हैं और उनको कैसे समझते हैं। उदाहरण के लिए, यदि आप जानते हैं कि आपका व्यक्तित्व-प्रकार चंचल है तो आप यह भी समझ सकेंगे कि आपका सहकर्मी मतलबी नहीं बल्कि शक्तिशाली व्यक्तित्व-प्रकार का व्यक्ति है। ऐसे विशेषणों की सूची बनाएँ, जिन्हें आप अपने व्यक्तित्व की विशेषता समझते हैं। फिर, अपने बारे में दूसरों के द्वारा इस्तेमाल किए गए विशेषणों से उनकी तुलना करें। फिर यह जाँच करें कि आपकी विशेषताएँ पाँच प्रमुख व्यक्तित्व-प्रकारों से सबसे अधिक मिलती-जुलती हैं।

अपने पूर्वग्रहों की जाँच करें : कई बार आपके लिए दूसरों को समझ पाना इसलिए भी कठिन हो सकता है, क्योंकि आपको अपनी मान्यताओं व विचारों के बारे में ही ठीक-ठीक पता नहीं होता है। यदि आप अपने भेदभावपूर्ण व्यवहारों व पूर्वग्रहों को ठीक प्रकार से पहचान लेंगे तो आपको यह समझने में मदद मिलेगी कि आप लोगों की पहचान तथ्यों के आधार पर कर रहे हैं या फिर यूँ ही अपने तरीके से अनुमान लगा रहे हैं। जब आप यह मान लेते हैं कि किसी समूह के सभी व्यक्ति एक समान व्यवहार करेंगे तो इसका मतलब यह हुआ कि आप उनके बारे में बेहद सतही धारणा बना रहे हैं। इसी तरह जब सच्चाई जाने बिना आप किसी के व्यक्तित्व के बारे में फैसला कर लेते हैं तो वह आपका पूर्वग्रह ही होता है।

आपकी सतही धारणाएँ व पूर्वग्रह आपको न केवल व्यक्ति विशेष को बल्कि उस समूह को भी ठीक प्रकार से समझ पाने में रुकावट पैदा करता है। इसी लिए हर किसी को व्यक्ति विशेष के रूप में मान्यता दें और उसके साथ उसकी आदतों, पसंदों, नापसंदों व मतों के मुताबिक व्यवहार करें। साफ है कि दूसरों को समझने के लिए सबसे पहले आपको स्वयं को नियंत्रित रखना होगा और अपनी सतही धारणाओं व

पूर्वग्रहों के आधार पर कोई फैसला लेने से बचना होगा। उदाहरण के लिए, कोई दक्षिण भारतीय है तो आप यह सतही धारणा न बनाएँ कि वह 'कर्नाटक शास्त्रीय संगीत' ही सुनता होगा या इडली-डोसा खाना ही पसंद करता होगा।

अपनी नासमझी भी स्वीकार करें : कई मामलों में, चाहे आप किसी व्यक्ति से कितनी ही बातचीत क्यों न कर लें, उसके बारे में कितनी ही सहानुभूति क्यों न रखें, लेकिन यह जरूरी नहीं कि वह व्यक्ति आपकी समझ में आ जाए। कई बार लोगों के व्यवहारों की न तो व्याख्या की जा सकती है और न ही उन्हें समझा जा सकता है, भले ही आप सभी तरीके क्यों न आजमा लें। ऐसी स्थिति में उन लोगों को समझने की जिद पर न अड़े रहें। बस, यह स्वीकार कर लें कि आप उन्हें नहीं समझ सकते। जैसे आपका सहकर्मी अपने अँगूठे के नाखून को मेज के साथ रगड़ता है तो आप इसकी तार्किक व्याख्या नहीं कर सकते कि वह ऐसा क्यों करता है। बस, स्वीकार कर लीजिए कि वह वैसा ही करता है और उसके बारे में सोचना बंद कर दीजिए।

जरूरत व चाहत को समझें

यदि आप दूसरों के बारे में जानना चाहते हैं तो उनकी जरूरतों व अभावों को समझना होगा। और, जब आप उन चीजों को समझ जाएँगे तो उन्हें प्रभावित कर सकते हैं और उनकी जिंदगी पर सकारात्मक रूप से असर डाल सकते हैं। यहाँ पर हम इससे संबंधित कुछ मुख्य बिंदुओं पर चर्चा करेंगे।

पहचान की जरूरत : हर व्यक्ति को अपनी पहचान की जरूरत होती है। दुनिया में शायद ही कोई ऐसा व्यक्ति होगा, जिसे कुछ-न-कुछ बनने की इच्छा न होगी और जो अपना महत्त्व न चाहता होगा। यहाँ तक कि सबसे कम महत्त्वाकांक्षी व विनम्र व्यक्ति की भी यही चाहत होती है कि दूसरे उसे उच्च मानें। ओलंपिक स्वर्ण पदक विजेता अमेरिकी

मुक्केबाज जॉर्ज फोरमैन का यह कथन बहुत लोकप्रिय है, ''हरेक व्यक्ति कोई-न-कोई व्यक्ति बनना चाहता है। आपको जो चीज करनी है, वह यह है कि उन्हें विश्वास दें कि वह (जो चाहते हैं) कर सकते हैं। आपको बच्चे को एक सपना देना है।''

तो, एक बार जब आप किसी व्यक्ति के बारे में यह जान लेते हैं कि उसकी चाहत क्या है, तो आपके लिए उसे समझना आसान हो जाता है। जब आप दूसरों की चाहत के मुताबिक उन्हें परखना शुरू करते हैं तो उनके हरेक क्रिया-कलाप को बेहतर समझ पाते हैं कि वे वैसा क्यों करते हैं। फिर आपको हरेक व्यक्ति का महत्त्व पता भी चलता है। आप जिस किसी से मिलते हैं, यदि आप उसे दुनिया का सबसे महत्त्वपूर्ण व्यक्ति मानकर व्यवहार करें तो आप उसको यह एहसास दिला पाते हैं कि वह आपके लिए कुछ विशेष महत्त्व का व्यक्ति है। इस तरह, आप उस व्यक्ति के साथ बेहतर संबंध कायम कर लेते हैं।

परवाह की जरूरत : कोई भी व्यक्ति तब तक इस बात की परवाह नहीं करता कि आप उसके बारे में कितना जानते हैं, जब तक उसे यह पता नहीं चलता है कि आप उसकी कितनी परवाह करते हैं। जिस क्षण किसी व्यक्ति को यह पता चलता है कि आप उसके बारे चिंता करते हैं, तो आपके बारे में उसके सोचने का तरीका भी बदल जाता है। लेकिन, दूसरों को यह एहसास कराना आप उसकी परवाह करते हैं, हमेशा आसान नहीं होता। ध्यान रखें कि यदि दूसरों से संबंध बनाकर आपको सबसे बड़ी खुशी मिलती है तो लोगों के कारण ही आपके लिए सबसे बड़ी कठिनाई व दुःख के क्षण भी आ सकते हैं। यदि लोग आपकी सबसे बड़ी पूँजी हैं तो वही आपकी सबसे बड़ी देनदारी भी होते हैं। वास्तविक चुनौती तो यही है कि आप कब तक उनकी परवाह कर पाते हैं।

इस संबंध में अमेरिकी लेखक व उच्च शिक्षा क्षेत्र के नेता केंट एम. कीथ द्वारा लिखित कविता 'विरोधाभासी आज्ञापत्र' (द पैराडॉक्सिकल

कमांडमेंट्स) से लोगों के बारे में बहुत कुछ सीखने को मिलता है—

"लोग अतार्किक, अविवेकी व आत्म-केंद्रित होते हैं। किसी भी तरह उन्हें प्यार करते रहें। यदि आप अच्छा करते हैं तो लोग आप पर स्वार्थी गलत उद्देश्यों का आरोप लगाएँगे। किसी भी तरह आप अच्छा करें।

यदि आप सफल हैं तो आप गलत दोस्तों व सच्चे दुश्मनों को जीतेंगे।

किसी भी तरह आप सफल बने रहें।

आप आज जो अच्छा करते हैं, उसे कल भुला दिया जाएगा।

किसी भी तरह अच्छा करते रहें।

ईमानदारी व स्पष्टवादिता आपको कमजोर बनाते हैं।

किसी भी तरह ईमानदार व स्पष्टवादी बने रहें।

सबसे बड़े विचारोंवाले सबसे बड़े पुरुषों व महिलाओं को सबसे छोटे दिमाग वाले सबसे छोटे पुरुषों व महिलाओं द्वारा मार गिराया जा सकता है।

किसी भी तरह बड़ा सोचते रहें। लोग दलितों का पक्ष लेते हैं, लेकिन केवल दबंगों का अनुसरण करते हैं। किसी भी तरह कुछ दलितों के लिए लड़ते रहें। जिसे बनाने में आपने वर्षों बिताए हैं, वह रातोरात नष्ट हो सकता है।

किसी भी तरह बनाते रहें। लोगों को वास्तव में मदद की जरूरत होती है, लेकिन अगर आप उनकी मदद करते हैं तो वे आप पर हमला भी कर सकते हैं।

किसी भी तरह लोगों की मदद करते रहें। दुनिया को अपना सबसे अच्छा दें, और आपको मुँह पर तमाचे मारे जाएँगे। किसी भी तरह दुनिया को अपना सबसे अच्छा देते रहें।"

उपर्युक्त कविता से बहुत स्पष्ट है कि यदि बेहतर करना संभव है तो अच्छा काफी नहीं है। यही लोगों के साथ व्यवहार करने का सबसे अच्छा तरीका है। आप यह नहीं समझ सकते हैं कि आपसे प्रभावित

कौन सा व्यक्ति आपकी जिंदगी और दूसरों की जिंदगियों में कितना बड़ा परिवर्तन लाने वाला है।

दूसरों की जरूरत : हर व्यक्ति को दूसरों की मदद की जरूरत होती है। यह कथन बिल्कुल निराधार है कि अमुक व्यक्ति स्वयं-निर्मित (सेल्फ-मेड) है। हरेक व्यक्ति को मित्र, उत्साहवर्धन व सहायता की जरूरत पड़ती है। लोग अपने दम पर जितना भी हासिल कर सकते हैं, वह दूसरों के साथ मिलकर करने की संभावना की तुलना में कुछ भी नहीं हो सकता है। और जब हम दूसरों के साथ मिलकर कुछ करते हैं तो उससे जो आत्म-संतुष्टि मिलती है, वह अकेलेपन में कभी भी नहीं मिल सकती। जब आपको इस सच्चाई का एहसास होगा तो आप हरेक के लिए मदद का हाथ बढ़ा सकेंगे। आपका इरादा सही होगा और आप किसी से भी घनिष्ठ संबंध कायम कर सकेंगे।

भरोसे की जरूरत : जैसा कि जॉर्ज फोरमैन ने कहा है, ''यदि आप दूसरों को समझते हैं और उनमें भरोसा रखते हैं तो वह सचमुच में कोई-न-कोई व्यक्ति जरूर बन सकता है। और दूसरे लोग खुद को महत्त्वपूर्ण महसूस करें, इसके लिए आपको बहुत ज्यादा कोशिश करने की जरूरत नहीं पड़ती है। आप सिर्फ उन पर अपना भरोसा जताकर तो देखिए, वे चमत्कार कर सकते हैं। आप सही समय पर जान-बूझकर छोटी सी चीज (भरोसा) करके देखें, इससे दूसरों की जिंदगी में बड़ा परिवर्तन हो सकता है। याद रखें कि दूसरों को आपकी मदद की जरूरत है। और, जब आप दूसरों की मदद करेंगे तो वे आपकी मदद के लिए भी तत्पर रहेंगे। इतना ही नहीं, जब आप किसी व्यक्ति की मदद करते हैं तो आप सिर्फ उसी की मदद नहीं करते, बल्कि आप बहुत से दूसरे लोगों को प्रभावित करते हैं और फिर वे कई गुना अधिक लोगों को प्रभावित करते हैं। क्योंकि, प्रभाव का स्वभाव ही खुद को कई गुना बढ़ा लेना होता है।''

□

3

दूसरों को कैसे प्रोत्साहित करें?

अधिकतर नेतृत्वकर्ता स्वीकार करते हैं कि लोग ही किसी भी संगठन की सबसे महत्त्वपूर्ण परिसंपत्ति होते हैं। लेकिन, सभी नेतृत्वकर्ताओं के लिए सबसे बड़ी चुनौती भी यही है कि क्या कार्य-समूह के प्रति उनके व्यवहार दृष्टिकोण इस विश्वास को प्रतिबिंबित करते हैं?

विशेष रूप से व्यापार में लोगों के साथ परिसंपत्तियों की तरह व्यवहार किया जाना चाहिए, न कि लागत के रूप में। परिसंपत्तियाँ आय व लाभ उत्पन्न करने में मदद करती हैं, इसलिए वे ध्यान रखने और लगातार निवेश का विषय हैं। दूसरी तरफ, लागत लाभ को घटाता है, इसलिए उसे न्यूनतम स्तर पर रखने की कोशिश भी की जाती है। यह विश्वास करना कि लोग परिसंपत्तियाँ हैं, इसका अर्थ यह मान्यता देना होता है कि वे संगठन की सफलता के लिए कितना महत्त्वपूर्ण हैं, इसलिए उनकी देखभाल और उनमें निवेश कितना महत्त्वपूर्ण है।

लोगों में निवेश का प्रमुख रूप है उन्हें अपने कौशल व व्यवहार को विकसित करने में मदद के लिए प्रशिक्षण व विकास के अवसर के लिए उपलब्ध कराना, ताकि वे कार्य-समूह की सफलता में और भी अधिक योगदान कर सकें। लेकिन कार्य-समूह की सफलता के लिए नेतृत्वकर्ता का व्यक्तिगत समर्थन भी उतना ही महत्त्वपूर्ण है। तो नेतृत्वकर्ताओं के

लिए सबसे बड़ी चुनौती यही है कि वह अपने कार्य-समूह को कितना व्यक्तिगत दे पाते हैं। इसके लिए उन्हें खुद से साहसपूर्वक ये सवाल तो करने ही होंगे—

मैं वास्तव में अपने लोगों के लिए कितना उपलब्ध हूँ कि वे मुझ से बात करें और मेरी सलाह व प्रोत्साहन माँग सकें ?

क्या मैंने वास्तव में कोई खुला द्वार नीति लागू की है कि मैं लोगों का स्वागत कर सकूँ या यह महज एक औपचारिकता भर है ?

क्या मैं लोगों को वह समर्थन देने के लिए आसानी से उपलब्ध हूँ, जिसकी उन्हें जरूरत है, जब उन्हें जरूरत है ?

खुला द्वार नीति ही काफी नहीं

तो क्या उपलब्ध होना और वास्तविक खुला द्वार नीति ही कार्य-समूह को उत्साहित करने के लिए पर्याप्त है ? बिल्कुल नहीं, क्योंकि इस नीति की एक संभावित समस्या है। यह नीति कार्य-समूह के सदस्यों पर यह जिम्मेदारी थोपती है कि वे अपने नेतृत्वकर्ता को ढूँढ़ने और वह जहाँ कहीं भी है, उससे मिलने की कोशिशें करें। ऐसे में होता यह है कि कुछ लोग अपने नेतृत्वकर्ता से मिलने की कोशिश ही नहीं करते हैं। कुछ लोगों को यह लगता है कि वे जिस मसले को लेकर अपने नेतृत्वकर्ता से मिलना चाहते हैं, वह अपेक्षाकृत छोटी सी बात है, तो फिर नेतृत्वकर्ता क्यों परेशान करें ? कुछ लोगों को इस बात की भी चिंता हो सकती है कि कहीं वे नेतृत्वकर्ता को व्यस्त समय में बाधा तो नहीं पहुँचाएँगे ?

इसलिए, नेतृत्वकर्ताओं को अपने कार्य-समूह के लोगों के लिए खुद को और अधिक सुलभ बनाने की जरूरत है। उन्हें यह इंतजार नहीं करना चाहिए कि कार्य-समूह उनसे मिलने के लिए आए, बल्कि उन्हें खुद ही वहाँ पर जाने की कोशिश करने की जरूरत है, जहाँ उनके कार्य-समूह हैं। नेतृत्वकर्ताओं को संगठन के विभिन्न हिस्सों की यात्रा करनी चाहिए और अधिक-से-अधिक लोगों से मिलना चाहिए, न कि कुछ चहेतों

से। उन्हें पर्याप्त समय लगाकर पता करना चाहिए कि लोग कैसे काम कर रहे हैं और वे कैसा महसूस कर रहे हैं। उन्हें कार्य-समूह के सदस्यों को उत्साहवर्धक शब्द कहने चाहिए और जरूरत के मुताबिक सलाह का प्रस्ताव भी करना चाहिए। नेतृत्वकर्ताओं को लोगों को प्रेरित करने के लिए कभी भी व्यक्तिगत यात्राओं के महत्त्व को नजरअंदाज नहीं करना चाहिए। और, उन्हें यह सुनिश्चित करना चाहिए कि हरेक व्यक्ति यह समझे कि उनकी भी विशेष हैसियत है और उनका योगदान महत्त्वपूर्ण है।

प्रभावी प्रोत्साहन : अब सवाल यह है कि नेतृत्वकर्ता अपने कार्य-समूह को प्रभावी रूप से कैसे प्रोत्साहित कर सकता है? साफ है कि इसके लिए नेतृत्वकर्ता को अपने कार्य-समूह के लोगों को बारीकी से समझना पड़ेगा और वह अपने लोगों को जितनी अच्छी तरह से समझ सकेगा, उतने ही प्रभावी ढंग से उसे प्रोत्साहित भी कर सकेगा। नेतृत्वकर्ताओं के लिए लोगों से नजदीकी संबंध बनाना और उनके साथ व्यक्ति विशेष के रूप में बरताव करना बहुत जरूरी होता है, क्योंकि इससे उनके कार्य-प्रदर्शन व व्यवहारों पर महत्त्वपूर्ण प्रभाव पड़ता है। दूसरों को प्रभावी रूप से प्रोत्साहित करने के लिए यह पता लगाना बहुत जरूरी होता है कि लोग अपनी नौकरियों से क्या चाहते हैं और क्या नहीं। साफ है कि यह जानने के लिए नेतृत्वकर्ताओं को अपने लोगों के साथ समय बिताना पड़ेगा और उन्हें सुनना पड़ेगा। और ऐसे एक-दो बार नहीं, बल्कि लगातार करना होगा, क्योंकि लोगों को प्रोत्साहन के विषय बदल भी सकते हैं।

पुरस्कार, मान्यता, चुनौतीपूर्ण व रोचक काम, उत्साही कार्य-समूह का हिस्सा होना आदि प्रमुख प्रेरक विषय हो सकते हैं। जब नेतृत्वकर्ता यह पता लगा लेता है कि व्यक्ति विशेष का प्रोत्साहन विषय क्या है, तभी वह उस संबंध में कुछ कर पाने की स्थिति में हो सकता है। कुछ लोगों के लिए यही महत्त्वपूर्ण होता है कि उन्हें उनके नेतृत्वकर्ता द्वारा

सार्वजनिक रूप से मान्यता दी गई। दूसरे लोगों के लिए यह जानना ही बहुत बड़ा प्रोत्साहन होता है कि उनका नेतृत्वकर्ता उन्हें समर्थन देने का इच्छुक है और कठिन समय में उनके साथ खड़ा होगा। नेतृत्वकर्ता चाहे जिस रूप में भी अपने कार्य-समूह के सदस्यों के समर्थन का प्रस्ताव करे, लेकिन उनका केंद्रीय उद्देश्य अपने कार्य-समूह के भीतर आपसी सहयोग की एक संस्कृति को बढ़ावा देने के लिए सकारात्मक उदाहरण प्रदान करना चाहिए।

समर्थन का प्रदर्शन : कार्य-समूह के प्रोत्साहन के लिए उनके समर्थन पर जोर देना सबसे जरूरी है। लेकिन, नेतृत्वकर्ताओं को यह कहने से बचने की कोशिश करनी चाहिए कि कार्य-समूह के सदस्यों को क्या करना चाहिए और कैसे करना चाहिए। इसकी बजाय नेतृत्वकर्ताओं को अपने कार्य-समूहों को यह प्रोत्साहित करना चाहिए कि वे अपने आप ही अपने विषय चुनें। साथ ही, कार्य-समूहों से यह भी स्पष्ट कर देना चाहिए कि उनका नेतृत्व हमेशा उनके समर्थन में साथ खड़ा है। हाँ, नेतृत्वकर्ताओं को सकारात्मक सीमा-रेखाएँ जरूर खींचनी चाहिए कि लोग क्या कर सकते हैं और उन्हें क्या करना चाहिए। लेकिन, उन्हें अपने कार्य-समूहों से यह कहने की कोई जरूरत ही नहीं है कि वे क्या नहीं कर सकते और उन्हें क्या नहीं करना चाहिए।

नेतृत्वकर्ताओं को यह बिल्कुल स्पष्ट कर देना चाहिए कि उनके कार्य-समूहों को डरने की कोई जरूरत नहीं है। डर लोगों को निष्क्रिय व्यवहार करने, गलतियों को छिपाने, दूसरों पर दोष मढ़ने के लिए प्रोत्साहित करता है और इस तरह वह खुलेपन व ईमानदारी को हतोत्साहित भी करता है। जब लोग किसी और के निर्देश की बजाय स्वयं की पहल पर आधारित कार्यों व परियोजनाओं को सफलतापूर्वक पूरा करते हैं तो उनकी प्रेरणा व आत्म-सम्मान के स्तर में वृद्धि होती है और यह कार्य-समूह के प्रोत्साहन के लिए बहुत महत्त्वपूर्ण है। ऐसे में, कई बार उलटे

नतीजे भी आते हैं। कार्य-समूहों की कोशिशें कई बार विफल भी हो सकती हैं। लेकिन वैसे मौकों पर नेतृत्वकर्ताओं के लिए बेहद जरूरी है कि वे अपने कार्य-समूहों का खुला समर्थन करें। नेतृत्वकर्ताओं में यह साहस होना जरूरी है कि वह अपने कार्य-समूह की असफलता को अपने ऊपर लें और अपने लोगों के लिए डटकर खड़े रहें।

दूसरों में संपूर्ण भरोसा जरूरी

हर किसी को प्रोत्साहन की जरूरत होती है और सभी उसे प्यार भी करते हैं। जब लोग हतोत्साहित महसूस करते हैं तो प्रोत्साहन के बोल उन्हें प्रेरित करते हैं। और जो उन्हें प्रोत्साहित करता है, वे उनको अपना नजदीकी समझते हैं। लेकिन, आप किसी को कब प्रोत्साहित करते हैं? जब उस व्यक्ति विशेष में आपका भरोसा होता है। तो, नेतृत्वकर्ता के रूप में प्रोत्साहक बनने के लिए आपके लिए अपने लोगों की अच्छाइयों में विश्वास करना और उन पर संपूर्ण भरोसा करना बहुत जरूरी होता है।

सच्चाई यही है कि चाहे पेशेवर हों या निजी, सभी सकारात्मक संबंधों को बनाने और बरकरार रखने के लिए संपूर्ण भरोसा सबसे अधिक जरूरी है। फिर भी, हमें अपने आसपास अविश्वास का ही माहौल देखने को मिलता है। कोई किसी पर भरोसा करने के लिए तैयार ही नहीं होता। यही कारण है कि हमारे आपसी संबंधों का ताना-बाना कमजोर हो गया है। वैसे, इसकी कमी कमोबेश सभी को महसूस होती है, लेकिन दूसरों पर भरोसा कायम करने के लिए उससे संबंधित कुछ महत्त्वपूर्ण तथ्यों पर ध्यान देना बहुत जरूरी है।

खुद पर भरोसे का अभाव : आप अपने आसपास के लोगों से बात करके देखिए, आपको आश्चर्यजनक तथ्य मिलेगा कि अधिकांश लोग खुद पर ही भरोसा नहीं करते। यही हमारे पेशेवर व निजी जीवन के संबंधों में तनाव की जड़ है। हैरानी की बात यह है कि अधिकांश लोग बिना कुछ आजमाए ही तय कर लेते हैं कि अमुक काम उनसे

हो ही नहीं सकता। उनके मन में यह धारणा विश्वास का रूप ले चुकी होती है कि वे असफल हो जाएँगे। यही कारण है कि अधिकांश लोग किसी प्रकार की कोई जिम्मेदारी लेने से कतराते हैं। सच्चाई तो यही है कि कठिनाइयाँ कभी भी मनुष्य को हरा नहीं सकतीं। सफलताओं के अनगिनत उदाहरण इसी बात के प्रमाण हैं कि मनुष्य के लिए कुछ असंभव नहीं है। संभवत: स्वामी विवेकानंद ने मनुष्य की खुद पर भरोसा नहीं करने की मनोवैज्ञानिक समस्या को ध्यान में रखकर ही यह साहसिक बयान दिया था, ''आप भगवान् में भरोसा नहीं कर सकते, जब तक कि आप अपने आप पर भरोसा नहीं करते।''

पेशेवर खिलाड़ियों के मुँह से भी अकसर यह बयान सुनने को मिलता है, ''आपको बस, अपने आप में विश्वास रखना है।'' असल में, हम यह बयान इतनी ज्यादा बार सुन चुके हैं कि हम इसे बिना कुछ विचारे ही सुनते रहते हैं। लेकिन, सच्चाई यही है कि किसी भी प्रकार की सफलता के लिए अपने आप पर भरोसा रखना सबसे अधिक जरूरी है और जब आप अपने आप पर भरोसा करने लगते हैं तो आपके लिए दूसरों पर भरोसा करना भी आसान हो जाता है। लेकिन विडंबना यही है कि हमारी सभ्यता भय व आत्म-संदेह (सेल्फ डाउट) से तर-बतर दिखती है। तो सबसे बड़ा सवाल यही है कि हम वास्तव में अपने आप में कैसे विश्वास करें। इसका बहुत ही मौलिक उत्तर है—कोई भी काम सफलतापूर्वक पूरा करें।

जब हम कोई भी काम सफलतापूर्वक पूरा कर पाते हैं तो हमें अपने आप पर भरोसा होता है। यह इतना स्पष्ट तथ्य है, इतनी आधारभूत बात है, फिर समूची मानव सभ्यता इसे नजरअंदाज करती है। तो बार-बार इसी मंत्र का उच्चारण करने की जरूरत है। अपने आप पर सचमुच भरोसा करने का एकमात्र रास्ता यही है कि हम कुछ हासिल करें। जरा ध्यान दीजिए, जब हम यह कहते हैं कि 'खुद भरोसा करें', तो इसका मतलब

यही होता है कि 'अपनी क्षमताओं पर भरोसा करें।' तो, जब आप कभी भी कुछ हासिल ही नहीं करेंगे तो आपको पता कैसे चलेगा कि आपकी क्षमताएँ क्या हैं। यदि आपने कभी भी कुछ हासिल नहीं किया है और 'खुद पर भरोसा करें' का मंत्र जपते हैं तो यह खुद को धोखा देने के अलावा कुछ भी नहीं है। याद रखें कि आपकी कुशलताएँ व क्षमताएँ आपके द्वारा अतीत में की गई कोशिशों के नतीजे हैं। यदि आपने खुद पर भरोसा न रखा होता, कोशिशें न की होतीं, अनगिनत असफलताओं को चुनौती न दी होती तो आप में कोई भी कुशलता व क्षमता विकसित न हुई होती। तो, सफलता तक पहुँचने का एकमात्र रास्ता यही कि है आप खुद पर भरोसा रखते हुए असफलताओं से गुजरते चले जाएँ।

इस तरह, नेतृत्वकर्ताओं का सबसे बड़ा काम यही है कि अपने कार्य-समूह के सदस्यों पर भरोसा करें और उनके खुद के भरोसे को जगाए रखें, तभी सफलता भी हासिल हो सकेगी और आपसी संबंध भी सुधरेगा।

भरोसा करनेवाले का अभाव : हमारी मानव सभ्यता आज भय व आत्म-संदेह के जिस मुकाम पर पहुँच गई है, उसका सबसे बड़ा कारण यही है कि दूसरों पर भरोसा करनेवालों की भारी कमी हो गई है। हमारे समाज के अधिकांश लोग खुद को अलग-थलग महसूस करते हैं। विडंबना यही है कि जिस सामुदायिक भावना के दम पर हमारे पूर्वज पाषाण युग से आधुनिक युग तक पहुँचे, आज वही गायब-सी हो गई नजर आ रही है। फेसबुक, ट्विटर आदि सामाजिक संजालीकरण मंचों पर लगातार बढ़ रही गतिविधियों का एक बड़ा कारण यह भी है कि अधिकांश लोग अपने समाज व परिवार में खुद को अकेला महसूस करते हैं।

1980 के दशक में मशहूर अमेरिकी फुटबॉल खिलाड़ी बिल ग्लास ने समूचे देश के जेलों की यात्राएँ शुरू की थीं और कैदियों को ईसा मसीह का शुभ संदेश देना शुरू किया था। इस क्रम में ग्लास को चौंकानेवाले

तथ्य मिले थे कि 90 प्रतिशत से अधिक कैदियों को बचपन में उनके माता-पिता ने कोसा था कि वे एक दिन जरूर कैदखाना पहुँचेंगे। अभी हमें देखने को मिलता है कि कई माता-पिता अपने बच्चों में भरोसा जताने की बजाय उन्हें कोसते हैं। सबसे बड़ी समस्या ही यही है कि बहुत से लोगों पर उनके सबसे नजदीकी लोग ही भरोसा नहीं करते हैं। नतीजा सामने है कि असफल व निराश लोगों की संख्या बढ़ती जा रही है। कार्यक्षेत्रों में अविश्वास का माहौल गहराता जा रहा है। कर्मचारियों को प्रोत्साहित करने के बहुतेरे कार्यक्रम जरूर चलाए जा रहे हैं; लेकिन वे बेअसर साबित हो रहे हैं। स्पष्ट है कि अधिकांश नेतृत्वकर्ता अपने साथियों पर भरोसा करने और उनका भरोसा जीतने में असफल हो रहे हैं।

भरोसा करोगे तो भरोसा मिलेगा : जब आप किसी पर भरोसा करते हैं तो उसे स्वाभाविक रूप से पता चल जाता है कि आप उस पर भरोसा करते हैं। प्रकृति ने मनुष्य में ही नहीं, जानवरों में भी इस सहज ज्ञान का पुरस्कार दिया है कि वह दूसरे के भरोसे को समझ सके। हाँ, हरेक व्यक्ति को यह भी पता चल जाता है कि आप उस पर सचमुच में भरोसा करते हैं या फिर भरोसा करने का नाटक करते हैं। लेकिन, अधिकांश नेतृत्वकर्ता इस तथ्य को स्वीकारने को तैयार नजर नहीं आते। यही कारण है कि प्रबंधन व कर्मचारियों के बीच 'भरोसा' दुर्लभ वस्तु बन गई है।

विडंबना यही है कि तथाकथित प्रोत्साहन कार्यक्रमों के जरिए प्रबंधन कर्मचारियों का भरोसा जीतने की कोशिश करने की बजाय उनकी नजर में खुद को उठाने का नाटक ही करती है। नहीं तो कोई कारण नहीं है कि कार्य-स्थल में भरोसे का माहौल न बने। जो कंपनियाँ सचमुच में अपने कर्मचारियों पर भरोसा करती हैं और भरोसे को कायम रखने के लिए कार्य-स्थल में सुरक्षा-चक्र (सर्किल ऑफ सेफ्टी) विकसित करती हैं, वही आश्चर्यजनक नतीजे हासिल कर पाने में सफल होती हैं। तो, आज के नेतृत्वकर्ताओं की सबसे बड़ी चुनौती यही है कि

वे अपने कार्य-समूह के सदस्यों पर सचमुच में भरोसा करें। याद रखें, अधिकांश लोग आपके भरोसे पर खुद को खड़ा करने की कोशिश करते हैं। यह सार्वभौमिक सत्य है—भरोसा करोगे तो भरोसा मिलेगा। और, भरोसे के बिना कोई सकारात्मक संबंध बन ही नहीं सकता।

लोगों में फिर से भरोसा क्यों करें?

यदि आपको मानसिक चोट लगती रही है या आपको खारिज किया जाता रहा है या लोगों ने आपके बारे में फैसला कर लिया है अथवा आपको अपने अब तक के जीवन में आलोचकों व निंदकों, मतलबी लोगों का सामना करना पड़ा है तो आप उससे कैसे निपटते हैं? जब आपके आसपास आपको नीचा दिखाने की कोशिश करनेवाले लोग हों, जब कोई आपका दिल तोड़ दे या जब कोई बहुत ही महत्त्वपूर्ण समय में आपका साथ छोड़ दे तो उन परिस्थितियों में आप खुद को कैसे आशावादी व यथार्थवादी बनाए रखते हैं? जब कई बार ऐसा लगता है कि कुछ लोग सभी प्रकार की मर्यादाओं के साथ खिलवाड़ कर रहे हैं तो आप कैसे मानवता में अपना विश्वास बनाए रखते हैं?

ध्यानपूर्वक सोचकर देखिए, ऐसी कुछ चीजें हैं, जिन्हें हम हमेशा अपने मस्तिष्क में रखते हैं। आप जानते हैं कि यह वास्तव में दृष्टिकोण और लोगों के साथ फिर से खड़े होने का मामला भर है। लेकिन आप लोगों में उस भरोसे को कैसे वापस लाते हैं? इसके लिए आपको सबसे पहले यह समझने की जरूरत है कि वह कितना महत्त्वपूर्ण है। यदि कुछ लोगों के व्यवहार की वजह से आप समूची मानवता के बारे में निराशावाद में डूब रहे हैं तो समझ लीजिए कि यह आपके दृष्टिकोण के पुनर्मूल्यांकन का समय है।

मानवता से निराश न हों : पृथ्वी ग्रह पर हमारे साथ 7 अरब लोग रह रहे हैं। और इस तथ्य को भी बहुत पक्के तौर पर जानते-समझते हैं कि मानवता की स्वाभाविक प्रकृति, हमारा मनोवेग, हमारी प्रेरणा व

हमारा प्राकृतिक झुकाव अच्छाई, सद्‌गुण व दयालुता की ओर ही है। यदि आप उस पर विश्वास नहीं करते हैं तो आपको वास्तव में अपने खुद के दर्द या चोट से बाहर निकलने और तथ्यों को देखने की जरूरत है। हम लोग अभी-अभी जिस पृथ्वी ग्रह पर निवास कर रहे हैं, वहाँ पर पहले से हमेशा की तुलना में बहुत ही कम युद्ध हो रहे हैं। गाँवों में गुटों के बीच बहुत कम लड़ाइयाँ और परिवारों के बीच बहुत कम खूनी संघर्ष हो रहे हैं। यह सब बहुत कुछ कहता है; लेकिन अब वर्तमान समय की सच्चाइयों पर नजर दौड़ाने की जरूरत है।

फिलहाल हम ऐसी जगह पर हैं, जहाँ मानव जाति ने परमाणु व मौत के यंत्रों में महारत हासिल कर ली है। यदि मानव समुदाय का असल मनोवेग एक-दूसरे का खून करना होता या चीजें इतनी भयानक होतीं तो हम इतने बुरे होते कि हम एक-दूसरे को मार चुके होते और बहुत समय पहले ही इस ग्रह को उड़ा दिया गया होता। लेकिन हमने ऐसा नहीं किया तो वह भी चमत्कार ही है। लेकिन, यह एक संकेत भी है कि दुनिया में जो लोग रह रहे हैं, उनमें से अधिकांश लोग अच्छे व दयालु हैं। हाँ, यह वही बहुत पुराना दार्शनिक बयान है। अगर हमें पता होता कि हमारे दुश्मन अपने जीवन एवं अपने संघर्ष से निपटने के लिए कितने मुश्किल समय में थे तो वे जल्द ही हमारे मित्र बन गए होते।

तो, जब आपको मुश्किल लोगों से निपटना पड़ता है तो यह न भूलें कि कुछ लोगों के व्यवहार मानवता के आपके समग्र दृष्टिकोण के साथ खिलवाड़ न कर सकें, क्योंकि मानवता का समग्र दृष्टिकोण भी आपके जैसा ही है। वे लोग भी हैं, जो बस दिन गुजारने की कोशिशें कर रहे हैं, स्वयं के होने की कोशिशें कर रहे हैं, अपने लिए कुछ अर्थपूर्ण रचनात्मक कार्य करने की कोशिशें कर रहे हैं, अपने मतभेदों को दूर करने की कोशिशें कर रहे हैं, अपने परिवार को समर्थन देने की कोशिशें कर रहे हैं और अपने बच्चों की देखभाल करने की कोशिशें कर रहे हैं।

यदि आप कभी ऐसी जगह पर पहुँच जाते हैं, जहाँ आपको ऐसा लगता है कि आप बहुत खास हैं और कोई भी आपको समझ नहीं सकता तो आपके लिए यह महसूस करना बहुत जरूरी है कि आप किसी गहरी, मुश्किल, अँधेरी व संभावित रूप से खतरनाक जगह में हैं।

अहंवादी बनने से बचें : ध्यान रखें, आप खुद को उन लोगों में शामिल न होने दें, जो कहते हैं कि 'लोग मुझे नहीं समझते'। क्योंकि, ज्यों ही आप उस मनोदशा में पहुँच जाते हैं, आप पिंजरे में बंद जीवन-स्थिति में फँस जाते हैं। इसका मतलब यह हुआ कि आप चिड़िया घर के पिंजरे में सबसे पीछे बैठे उन जानवरों जैसे हो गए हैं, जो हर गुजरनेवाले को इस भाव से देखता है कि 'लोग मुझे नहीं समझते।' और फिर, आप अपने गुस्से व निराशा में बैठ जाते हैं। जो लोग यह कहते हैं कि 'लोग मुझे नहीं समझते', वे अकसर वैसे लोग होते हैं, जो सबसे बड़े अहंकारी होते हैं। यदि आप भी ऐसे लोगों में शामिल हैं तो आपको भी गंभीरता से यह विचार करने की जरूरत है कि 7 अरब लोग और हजारों वर्षों के मानव इतिहास में आपको समझनेवाला कोई पैदा नहीं हुआ?

यह हमेशा याद रखना महत्त्वपूर्ण है कि हमारी स्थितियाँ, हमारे संदर्भ, हमारी कुंठाएँ व चुनौतियाँ—ये सबकुछ अद्वितीय नहीं हैं। हो सकता है कि इस हकीकत को मानते हुए आपके अहं को चोट पहुँच रही हो, आपको क्रोध भी आ रहा हो; लेकिन आपके पास इस तथ्य को स्वीकार कर लेने के अलावा और कोई भी विकल्प नहीं है। आप इसे मानने में जितना ही विलंब करेंगे उतना ही निराशा के गर्त में डूबते चले जाएँगे और फिर वहाँ से निकल पाने की संभावनाएँ भी कमजोर होती चली जाएँगी। आपको भले ही बुरा लगे, यदि सचमुच में आप अपनी अहंवादी धारणा से उबर नहीं पा रहे हैं तो आपको तत्काल किसी मनोचिकित्सक की जरूरत है। ध्यान रखें, अरबों लोग इस धरती से गुजर चुके हैं और वे भी उन्हीं स्थितियों से गुजरे हैं, जिनसे आप गुजर रहे हैं।

जो आपको विशेष बना रही हैं, वे आपकी परिस्थितियाँ नहीं हैं। आप अपने जीवन में जिस चीज से लड़ रहे हैं, वह आपको विशेष बनाने का संदर्भ भी नहीं है। जो आपको विशेष बनाती है, वह उसके संबंध में आपका अपना निजी अनुभव है; आप उससे कैसे निपटते या चुनाव करते। या तो आप उसके साथ सकारात्मक रूप से निपटते या नकारात्मक रूप से। इस परिस्थिति में आप हमसे पूछ सकते हैं कि आप ही कोई रास्ता सुझाएँ कि हम बुरे लोगों से कैसे निपटें और फिर से लोगों में अपना विश्वास कैसे पैदा करें। यदि आप ऐसा कुछ सोच रहे हैं तो यह निश्चित हो जाएगा कि आप हमारी कोशिशों को नकारने और हमें नीचा दिखाने की कोशिश कर रहे हैं।

विश्वास रखें कि हम आपको दोषी बन जाने के लिए नहीं कह रहे हैं। हम आपको अपने आप पर एक बार फिर विश्वास रखने के लिए कह रहे हैं। हाँ, हम आपको यह एहसास दिलाने की कोशिश कर रहे हैं कि आप सांसारिक तथ्यों को समझें। आपका ऐसे कुछ लोगों से सामना हो सकता है, जिनमें आप भरोसा न रखें; लेकिन सच्चाई यह है कि अधिकांश लोग (जो आपके जैसे ही हैं) अपने आप पर भरोसा रखते हैं और मानते हैं कि संभवत: आनेवाला कल उनके लिए अच्छा हो। हम बस, आपको दुबारा इस सच्चाई से जोड़ना चाहते हैं कि अधिकांश लोग संघर्ष कर रहे हैं। वे लोग अपनी तरफ से सबसे अच्छे तरीके से काम करने की कोशिशें कर रहे हैं। आप बस, यह कहकर कि 'लोग मुझे नहीं समझते', खुद को दुनिया से अलग-थलग न करें। आप भरोसा रखें कि अधिकांश लोग आपको जरूर समझेंगे, और आप जैसे बहुत से लोग हैं। उनके दिल व दिल की धड़कनें भी आपके ही जैसी हैं और परिवार के लिए, धन के लिए, प्रचुरता के लिए तथा अच्छे स्वास्थ्य के लिए उनकी इच्छाएँ भी आपके ही जैसी हैं।

आत्म-संरक्षण को दीवार न बनाएँ : यह न भूलें कि बस,

इसलिए कि किसी ने आपसे मुँह मोड़ लिया; बस, इसलिए कि किसी ने आपके दिल को चोट पहुँचाई; बस, इसलिए कि आपके साथ कुछ घटना हो गई और आपने बाकी सारी दुनिया के लिए अपना दरवाजा बंद कर लिया। यह तो ऐसे हुआ कि किसी संबंध में आपके दिल को चोट पहुँची और इसीलिए आपने अपने को सुरक्षित करने के लिए, अपनी देखभाल करने के लिए, अपने को बुरे लोगों से दूर रखने के लिए बड़ी सी दीवार खड़ी कर ली। और, आपने यह मान लिया कि अब कोई बुरा व्यक्ति अंदर नहीं आएगा; लेकिन आपने यह नहीं सोचा कि इस दीवार ने दूसरे सभी लोगों को भी आपके पास आने से रोक दिया।

कभी-कभी हम अपने स्वयं संरक्षण (सेल्फ प्रोटेक्शन) की कोशिश में उन चीजों को भी निकाल बाहर कर देते हैं, जिनकी हमें बहुत ही सख्त जरूरत होती है। हम अपने जीवन में और अधिक प्यार व स्वीकृति चाहते हैं; लेकिन बुरे लोगों को रखने के लिए हम इस प्रकार बड़ी दीवार बना लेते हैं, मुखौटा डाल लेते हैं और अवरोध खड़े कर लेते हैं। लेकिन, इससे अच्छे लोग हम तक पहुँच ही नहीं सकेंगे और हम अनुभव नहीं कर सकते, मानवता की उच्च गुणवत्ता का अनुभव नहीं कर पाएँगे। याद रखें कि ऐसे भी बहुत से सकारात्मक लोग हैं, जो आपके लिए जयकारा लगानेवाले हैं, जो आप में भरोसा रखते हैं और जो हमेशा आपकी सहायता के लिए तैयार रहते हैं। हाँ, ऐसे लोग मौजूद होते हैं और आप इस तथ्य को कभी भी न भूलें। कुछ लोगों के बुरे बरताव के कारण आप पूरी मानवता से अपने को अलग नहीं करें।

मानवता से दुबारा जुड़ें : यह कभी भी न भूलें कि मौन में हम अकसर अपने दुःख को ही पाते हैं। इस कथन का मतलब यही है कि यदि कुछ लोगों ने आपको हार्दिक चोट पहुँचाई और आपने पूरी मानवता में अपना भरोसा खो दिया तो चुप्पी न साध लें। मानवता से दुबारा जुड़ने का तरीका यही है कि हम दूसरों से मेल-जोल बढ़ाएँ और दूसरों को भी अपने

पास आने के मौके दें। लोगों में दुबारा से भरोसा करने का तरीका यही है कि आप उनके साथ अपने विचार, अपनी भावनाएँ, अपनी मान्यताओं, अपनी महत्त्वाकांक्षाओं एवं अपने सपनों को फिर साझा करना शुरू करें।

जब आपको बहुत से ऐसे लोगों का सामना करना पड़ता है, जिनसे आपको हार्दिक चोट लगी है या आप निराश हुए हैं, तो कुछ समय बाद आप जानते हैं कि आप क्या करते हैं? आप उन लोगों से भी अपनी बातें साझा करना बंद कर देते हैं, जो असल में आपके साथ होते हैं। तब आपको दुनिया कम जुड़ी हुई, नीरस व उत्साहहीन महसूस होती है। ऐसा इसलिए नहीं होता है कि दुनिया उसी तरह है, ऐसा इसलिए होता है कि दुनिया आपको जानती नहीं है। ऐसे में, दूसरे लोग आपको मसहूस नहीं कर पाते, आपकी भावना को समझ नहीं पाते। इसलिए वे न तो प्रतिक्रिया कर सकते हैं और न ही सकारात्मक बातें रख सकते हैं। आप हर दिन बस, इसी तरह की गति से गुजर जा रहे होते हैं और लोग आपको नहीं महसूस कर पाते हैं कि आप वास्तव में क्या हैं।

दूसरे लोगों को साथ जोड़ने और उनमें फिर से विश्वास करने का सबसे अच्छा तरीका यही है कि आप उन्हें दिखाएँ कि आप कौन हैं। आपको ऐसे और भी अधिक लोग मिल जाएँगे, जिन्हें आप बता सकेंगे कि आप कौन हैं। उनमें से कुछ लोग आपको बस, यूँ ही अपने दिन बिताने देंगे और आप पर न तो ज्यादा ध्यान देंगे, न परेशान करेंगे और न ही आपकी आलोचना करेंगे। उनमें से अधिकांश आप पर खुश होंगे, आपसे जुड़ेंगे और कम-से-कम आपकी तरफ ध्यान देंगे। उन्हें आप में प्रामाणिक, सजीव, जीवंत व सच्चा मानव दिखाई देगा और वे निश्चित रूप से आपको जानने में रुचि लेंगे।

ध्यान रहे कि अपनी आत्म-सुरक्षा में फँसे हुए लोगों को अपने आसपास की दुनिया का पता ही नहीं चलता और इस तरह के लोग भावनाहीन रोबोट व पिशाच के झुंड की तरह इधर-उधर घूमते-फिरते

दिखते हैं। ऐसा लगता है कि उनकी ऊर्जा, उत्साह, खिंचाव व जुनून गायब हो गया है। यदि आप भी अपनी आत्म-सुरक्षा में फँसे हुए हैं और ऐसे झुंड का हिस्सा हैं तो खुद को तत्काल उससे बाहर निकालें। देखें कि कौन आपको आकर्षित करता है? देखें कि कहाँ आपको गतिविधि नजर आती है? ऐसा करने पर आपको महसूस होगा कि आपके आसपास बहुत से लोग अच्छे हैं। इसका मतलब यह नहीं है कि आपको कुछ नकारात्मक लोग नहीं मिलेंगे। आपको ऐसे कुछ लोग भी जरूर मिलेंगे, जो अपने दायरे में इस तरह से बंद हैं या इतना संघर्ष कर रहे हैं कि उन बेचारों को यही नहीं पता चलता है कि वे कितने मतलबी हैं। जी हाँ, मतलबी लोगों की संख्या भी कम नहीं है; लेकिन आपको यह सच्चाई भी स्वीकार करनी होगी कि वे बहुसंख्यक नहीं हैं।

तो आप वास्तव में क्या कर सकते हैं? आपकी सबसे पहली कोशिश तो यही होनी चाहिए कि आप जो कुछ भी सोचते हैं, आप जो कुछ भी चाहते हैं और आपके जो भी सपने हैं, उन्हें दूसरों से साझा करें। लोगों को एक बार फिर से जानने दें कि आप कौन हैं? दूसरा, यदि आप अपने पुराने संबंध खो चुके हैं तो आपके लिए सबसे अच्छी बात यही होगी कि आप उन संबंधों को फिर से जिंदा करने की कोशिश शुरू करें। इसकी शुरुआत अपने कुछ दोस्तों से करें। उनके साथ खाने पर बाहर जाएँ। जो भी लोग आपको सकारात्मक लगते हैं, जो आपसे प्यार करते हैं, जिन्होंने भी आपकी देखभाल की कोशिश की है, उनके साथ समय बिताएँ, उनके आसपास रहें। और, जब आप ऐसा करेंगे तो आपको उनके सामाजिक संजाल से भी जुड़ने का मौका मिल जाएगा। फिर, उस मौके को हाथ से न जाने दें।

यदि आपको अपने कार्यक्षेत्र में अधिकांश लोग झटका देनेवाले भी नजर आते हैं तो बाकी कुछ सकारात्मक लोगों से अपना मेल-जोल बढ़ाएँ। उनसे बातचीत करने और उनके दोस्तों को जानने की कोशिश

करें और फिर उन लोगों से अपना संबंध बढ़ाने की कोशिश करें। याद रखें कि सकारात्मक लोग दूसरे सकारात्मक लोगों को आकर्षित करते हैं। इस तरह, आप अपने एकमात्र मित्र के माध्यम से सकारात्मक लोगों का अच्छा-खासा संजाल तैयार कर लेंगे। अचानक आपको ऐसा लगने लगेगा कि आपके आसपास सभी सकारात्मक लोग ही हैं, जो आप में भरोसा करते हैं और जो हमेशा आपकी सहायता के लिए तत्पर हैं। इस तरह आपकी दुनिया बदल जाएगी और आपकी जिंदगी भी।

कार्य-समूह में भरोसा करने की कला

हरेक नेतृत्वकर्ता के लिए जरूरी है कि वह अपने कार्य समूह के सदस्यों में भरोसा करना सीखे। कार्य-स्थल में आपसी भरोसे का वातावरण बनाने और निर्धारित लक्ष्य की प्राप्ति के लिए अपने साथियों पर भरोसा रखना बहुत जरूरी है। असल में, लोगों पर भरोसा करना विशेष प्रकार की कुशलता है, जिसे निम्नलिखित बिंदुओं पर ध्यान देकर सीखा जा सकता है।

सफल होने से पहले ही भरोसा करें : सफल लोगों को तो सभी पसंद करते हैं। जो पहले से ही सफल हैं, यानी जिन लोगों ने अपनी कुशलताओं को पहले ही साबित किया हुआ है, नेतृत्वकर्ता के लिए उन पर भरोसा करना बहुत आसान होता है। लेकिन, नेतृत्वकर्ताओं की असल चुनौती यह होती है कि वे साबित होने से पहले ही अपने साथियों की संभावनाओं को पहचानें और उनमें भरोसा जताएँ। यह लोगों को प्रोत्साहित करने और उन्हें अपनी उच्चतम संभावनाओं को बाहर निकालने में बहुत मदद करता है।

असल में, अधिकांश लोग खुद में भरोसा करने की बहुत कोशिश करते हैं, लेकिन कई कारणों से निराश हो जाते हैं। आम जीवन में या कार्य-स्थल में ऐसे लोगों की संख्या ही अधिक होती है, जो छोटी-मोटी असफलताओं के चलते खुद पर भरोसा खो देते हैं। ऐसे में, जब आप

साथियों से मिलें तो उनका आत्मविश्वास लौटाने की कोशिश करें। याद रखें कि हरेक व्यक्ति में महानता के बीज होते हैं, भले ही वह वर्तमान में शिथिल लगता हो। इस तरह, नेतृत्वकर्ता होने के नाते जब आप अपने साथियों में भरोसा जताते हैं तो इसका मतलब यही होता है कि आप बीज को उचित जमीन देते हैं, उनकी जड़ों में पानी डालते हैं और उन्हें बड़ा होने का अवसर प्रदान करते हैं।

लोगों के सामर्थ्य पर जोर दें : अधिकांश लोग गलती से ऐसा सोचते हैं कि लोगों से संबंध बनाने और प्रभावशाली होने के लिए उन्हें अधिकार-संपन्न बनना होगा और दूसरों की गलतियाँ निकालनी पड़ेंगी। लेकिन सकारात्मक संबंध बनाने का रास्ता इसके बिल्कुल अलग दिशा में जाता है। लोगों में भरोसा जताने एवं प्रोत्साहित करने का सबसे अच्छा तरीका यही है कि आप उनके गुणों व सामर्थ्यों पर अपना ध्यान केंद्रित करें।

आपने महाभारत कथा में यह प्रसंग जरूर पढ़ा होगा कि जामवंत ने हनुमान को बताया था कि वह आसानी से समुद्र को लाँघ सकते थे। पेशेवर नेतृत्वकर्ताओं को भी जामवंत जैसी भूमिका ही अदा करनी पड़ती है। उन्हें अपने साथियों में भरोसा जताकर उनकी कुशलताओं व क्षमताओं को जगाना होता है। जब आप ऐसा करते हैं तो आपके साथियों को खुद पर भरोसा होता है और वे सफल होने के लिए अपनी क्षमताओं को उच्चतम स्तर पर ले जाने की कोशिश करते हैं। इसीलिए सहकर्मियों के अच्छे काम की सार्वजनिक व निजी दोनों प्रकार से प्रशंसा करें। उन्हें बताएँ कि आप उनके गुणों व कार्यक्षमताओं में कितना अधिक भरोसा करते हैं।

लोगों को पहले की सफलताएँ याद दिलाएँ

कई बार लोग तात्कालिक असफलता के कारण अपनी पहले की सफलताओं को भूल जाते हैं और निराश हो जाते हैं। इसलिए नेतृत्वकर्ताओं को अपने सहकर्मियों को प्रोत्साहित करने के लिए यह

भी याद दिलाने की जरूरत होती है कि उन्होंने पहले कितनी सफलताएँ हासिल की थीं। याद रखें कि सभी लोगों में अपनी पूर्व सफलताओं की पहचान कर पाने और उनसे अपना आत्मविश्वास कायम रख पाने की क्षमता नहीं होती है। इसलिए उन्हें समय-समय पर उनकी सफलताओं को याद दिलाना पड़ता है। जब आप ऐसा करते हैं तो लोगों को अपने ऊपर दोबारा भरोसा कायम करने में मदद मिलती है।

असफलता में भी विश्वास पैदा करें : जब आप अपने कार्य-समूह के सदस्यों पर भरोसा करते हैं और उनकी क्षमताओं को जगाकर प्रोत्साहित करते हैं तो वे पहले से ज्यादा उत्साह से अपना काम करने की कोशिश करते हैं। ऐसे में, उनसे स्वाभाविक रूप से गलतियाँ भी होती हैं और कई बार वे असफल भी होते हैं। ऐसी स्थितियों जब नेतृत्वकर्ता अपने साथियों में भरोसा जताता है तो उनका आत्मविश्वास कई गुना बढ़ जाता है और वे पहले से कई गुना अधिक सावधानी व उत्साह के साथ अपना काम करते हैं तथा आश्चर्यजनक सफलताएँ हासिल कर पाते हैं।

याद रखें कि कुछ ही लोग उतने लचीले होते हैं कि असफलताओं को बरदाश्त कर लें और अपने अंतिम लक्ष्य की ओर ध्यान को केंद्रित रखकर पूरे उत्साह के साथ काम में जुटे रहें। लेकिन, अधिकांश लोग उतने दृढ़ संकल्प वाले नहीं होते हैं। भले ही वे पहले भी सफल रहे हों, लेकिन तात्कालिक असफलताओं से घबरा जाते हैं और अपने ऊपर भरोसा कायम नहीं रख पाते। उन्हें अपने हौसले को बरकारार रखने के लिए प्रोत्साहन की जरूरत पड़ती है। इसका सबसे कारगर तरीका यही होता है कि उन्हें सफल व्यक्तियों की गलतियों के बारे में बताएँ और यह एहसास दिलाएँ कि कार्य के दौरान गलतियाँ स्वाभाविक रूप से होती हैं, बशर्ते कि कोई जानबूझकर ऐसा न करे।

सफलता का अनुभव कराएँ : लोगों को प्रोत्साहित करने और उनके आत्मविश्वास को बढ़ाने के लिए उन्हें सामूहिक सफलता का

अनुभव कराना भी जरूरी होता है। असल में, ऐसे लोगों की संख्या बहुत अधिक है, जो साक्षात् अनुभव पर ही भरोसा करते हैं। ऐसे लोगों को सफलता के उदाहरणों पर ज्यादा भरोसा नहीं होता, इसलिए ऐसे लोगों को सामूहिक रूप से सफल बनाना पड़ता है। याद रखें कि जीत ही प्रोत्साहन होता है। यदि आप में जीतने की दृढ़ इच्छा-शक्ति होती है तो आप अपनी आधी सफलता तो काम शुरू करने से पहले ही हासिल कर लेते हैं। और यदि आप में इसका अभाव होता है तो आप अपनी आधी असफलता भी काम शुरू करने से पहले ही सुनिश्चित कर लेते हैं। तो, अपने सहकर्मियों की इच्छा-शक्ति को कायम रखना तथा उसे बढ़ाना ही प्रभावी नेतृत्वकर्ता की सबसे बड़ी जिम्मेदारी होती है।

वैसे जब लोगों को दूसरे के साथ मिलकर या अपने से ही छोटी-छोटी सफलताओं के स्वाद चखने के मौके मिलते हैं तो उनमें बड़ी सफलताएँ हासिल करने की इच्छा-शक्ति भी पैदा होती है। इसलिए हरेक नेतृत्वकर्ता को अपने सहकर्मियों के लिए उनकी क्षमताओं के मुताबिक छोटी-छोटी सफलताओं के अवसर देना चाहिए। साथ ही, उनकी सफलताओं के लिए जरूरी सहायता भी सुनिश्चित करनी चाहिए। इस तरह जब वे छोटी-छोटी सफलताएँ हासिल करते हैं तो समय के साथ-साथ उनका आत्मविश्वास पक्का होता जाता है, फिर वे बड़ी जिम्मेदारियों को निभाने की कोशिश करने लगते हैं।

संभावित सफलताओं का अनुमान लगाएँ : जब आप अपने सहकर्मियों को छोटी-छोटी जिम्मेदारी सौंपते हैं तो आपको उनकी संभावित सफलताओं का अनुमान लगा पाना आसान हो जाता है। ऐसे में, जब आप अपने साथियों के सामने उनके भविष्य की सफलताओं की रूपरेखा प्रस्तुत करते हैं तो वे भी अपने भविष्य के प्रति ज्यादा आशान्वित होते हैं। याद रखें कि भविष्य का चित्रण मनुष्य पर बहुत अधिक असर डालता है। इस मनोवैज्ञानिक तथ्य को हमेशा याद रखें—एक व्यक्ति 40

दिनों तक बिना भोजन के, 4 दिनों तक बिना पानी के और 4 मिनट तक बिना हवा के भी जीवित रह सकता है; लेकिन बिना आशा के सिर्फ 4 सेकंड तक। इसलिए आप जितनी बार भी अपने साथियों की संभावनाओं का आकलन करते हैं और उनके भविष्य की सफलताओं का चित्रण करते हैं, आप उनमें अपने आपसे ज्यादा आशा करने का भाव भरते हैं, उन्हें उत्साहित करते हैं और उनमें अपने काम को जारी रखने का सार्थक कारण देते हैं।

जीवन के नए स्तर की उम्मीद करें : लोगों को प्रोत्साहित करने का एक तरीका यह भी है कि आप उनमें अपने जीवन को नए स्तरों पर ले जाने की उम्मीद भर दें। याद रखें कि हम सभी एक ही आसमान के नीचे रहते हैं, लेकिन हम सभी को क्षितिज एक जैसा नहीं दिखता। अधिकांश लोग अपने भविष्य की कल्पना ही नहीं कर पाते, क्योंकि वे वर्तमान की समस्यों से ही उबर नहीं पाते। तो, नेतृत्वकर्ता के रूप में आपकी बहुत बड़ी जिम्मेदारी यह भी है कि आप अपने साथियों में खुद के भविष्य को देख पाने की क्षमता का संचार करें और बड़े सपने पालने के लिए उत्साहित करें। इसलिए, जब आप अपने साथियों में अपना भरोसा जताते हैं तो परोक्ष रूप से उन्हें अपने भविष्य के क्षितिज को बड़ा करने का मौका देते हैं। और इस तरह आप उन्हें अपने जीवन को एक बिल्कुल नए स्तर पर ले जाने का उत्साह भरते हैं।

हाँ, लोगों में भरोसा जताने में जोखिम भी शामिल है; लेकिन यह न भूलें कि जोखिम की तुलना में दूसरों को प्रोत्साहित करने के सकारात्मक नतीजे व पुरस्कार बहुत अधिक हैं। तो, जब आप दूसरों में भरोसा करते हैं तो आप उन्हें अपनी संभावनाओं को हासिल करने में मदद करते हैं। इस तरह आप उनके जीवन के साथ बहुत ही महत्त्वपूर्ण संबंध कायम करते हैं और वे भी आपके साथ हमेशा के लिए जुड़ जाते हैं।

□

4

लोगों के साथ कैसे जुड़ें?

चाहे आप सामाजिक रूप से लोगों के साथ जुड़ना चाहते हैं या काम के लिए लोगों का संजाल बनाना चाहते हैं या फिर अपने बारे में अच्छी धारणा कायम करना चाहते हैं, पहली बार लोगों के साथ संबंध बनाने की पहल करने में थोड़ी सी घबराहट जरूर होती है। यह हिचक स्वाभाविक भी है, क्योंकि आप यह नहीं जानते कि सामनेवाला व्यक्ति आपकी पहल पर कैसी प्रतिक्रिया जताएगा। लेकिन, यदि आपको लोगों से जुड़ना है तो आपको यह झिझक हटाकर पहल तो करनी ही पड़ेगी। तो ऐसा क्या करें कि लोग सकारात्मक प्रतिक्रिया करें? इसके लिए आपको सामान्य मनोविज्ञान का सहारा लेना पड़ेगा। आपको अपना ध्यान यह प्रदर्शित करने पर केंद्रित करना होगा कि आप जिस व्यक्ति से बात कर रहे हैं, वास्तव में उसका आदर करते हैं, उसके बारे में चिंता करते हैं। इसके अलावा, आपको अपनी बातचीत का संदर्भ सार्थक रखना होगा और उसे इस तरीके से प्रस्तुत करना होगा कि लोग सहज महसूस करें। यदि आप ऐसा कर पाने में सक्षम हैं तो आप बिना हिचक किसी भी व्यक्ति से जुड़ने के रास्ते पर आगे बढ़ सकते हैं।

सामाजिक रूप से कैसे जुड़ें

मनुष्य एक सामाजिक प्राणी है और उसे लोगों के साथ सामाजिक

रूप से जुड़ना ही पड़ता है। लेकिन इसके लिए भी निम्नलिखित मनोवैज्ञानिक तथ्यों का ध्यान रखना बहुत जरूरी होता है।

बातचीत का समान आधार खोजें : जब आप किसी व्यक्ति के साथ पहली बार बातचीत कर रहे होते हैं और उसके बारे में बहुत कुछ नहीं जानते हैं तो यह चुनौतीपूर्ण कार्य लग सकता है। लेकिन, घबराने की कोई जरूरत नहीं है। बातचीत के सामान आधार का पता लगाना आपकी सोच से कहीं अधिक आसान है। आप बस, अनौपचारिक बातचीत शुरू कीजिए। इस क्रम में आपको उसकी पसंद, शौक, कार्यक्षेत्र आदि के बारे में बहुत कुछ पता चलेगा, जिसमें आपसी संबंध को आगे बढ़ाने के कुछ समान आधार भी जरूर मिल जाएँगे। जैसे कि पसंदीदा खेल टीम, संगीत मंडली, राजनीतिक दर्शन, समाज-सेवा या फिर यही तथ्य कि आप तथा उस व्यक्ति के समान भाई-बहन हैं।

लेकिन, यहाँ पर लोगों को वास्तव में सुनना और उसमें से जुड़ाव में मदद के लिए कुछ आधार खोज पाना महत्त्वपूर्ण है। जुड़ाव के समान आधार खोजने के लिए आपको उस व्यक्ति से बहुत अधिक सवाल पूछने की भी जरूरत नहीं है। आप बस, अपनी बातचीत का क्रम जारी रखिए और उसे स्वाभाविक रूप से बाहर निकलने दीजिए। हो सकता है कि बातचीत के दौरान आपको यह लगे कि आपके और उस व्यक्ति के बीच कुछ भी समान नहीं है; लेकिन बस, एक या दो चीज ऐसी हैं, जिनके आधार पर आप दोनों के बीच आगे भी बातचीत हो सकती है और वही आपको उस व्यक्ति से जुड़ने में मदद करेगा।

ईमानदारी से प्रशंसा करें : लोगों से सामाजिक रूप से जुड़ने का एक रास्ता यह भी है कि आप पूरी ईमानदारी के साथ उनकी प्रशंसा करें। इसका मतलब यह है कि आप जिन लोगों से भी सामाजिक रूप से जुड़ना चाहते हैं, उनके बारे में कुछ ऐसी बातों का पता लगाना होगा, जो वास्तव में सराहनीय हैं और उन्हें अपने बारे में अच्छे भी लगते हैं।

सावधान! यह सब बहुत ही सादगी के साथ और सच्चे मन से होना चाहिए। हरेक बातचीत के दौरान बस, एक बार प्रशंसा ही काफी है। जब तक आप शारीरिक विशेषताओं या व्यक्तिगत विषयों की प्रशंसा करने से बचते रहेंगे तब तक आप उस व्यक्ति के साथ मजबूत संबंध नहीं कायम कर सकते।

व्यक्ति विशेष द्वारा पहले कही कुछ खास बातों के बारे में पूछताछ करना भी उसके साथ जुड़ने की बड़ी कुशलता है। इससे उस व्यक्ति को यह पता चलता है कि आप उसका सचमुच में ध्यान रखते हैं। जैसे, आप अपने किसी मित्र से पिछली बार मिले तो वह अपनी नई नौकरी के होनेवाले साक्षात्कार के बारे में चर्चा कर रहा था और उसकी संभावना को लेकर काफी उत्साहित भी था, तो अगली बातचीत के दौरान उसके बारे में पूछताछ करना बहुत ही महत्त्वपूर्ण होता है। आप मुलाकात से पहले भी उससे दूरभाष पर बातचीत कर या फिर पाठ संदेश (टेक्स्ट मेसेज) के जरिए उसके साक्षात्कार के बारे में पूछ सकते हैं।

इस तरह आप उस व्यक्ति को यह एहसास दिलाना चाहते हैं कि आप सचमुच में उसकी कही गई बातों को ध्यान में रखते हैं और एक साथ न होने के बावजूद उन्हें याद करते हैं। याद रखें कि जब आप जिन लोगों के साथ सचमुच में जुड़ना चाहते हैं, वे भी चाहते हैं कि आप उनकी चिंता करने और उनकी सहायता के लिए भी तैयार रहें। जब आप ऐसा करते हैं तो आपको उनकी जिंदगी के बारे में और भी गहराई से जानने का मौका मिलता है। यह तरीका आपको किसी सामान्य परिचित के साथ भी अपने बंधन को मजबूत बनाने में मदद कर सकता है; क्योंकि जब आप उसकी पिछली बार उल्लेख की गई बातों के बारे में पूछते हैं तो उसे सुखद आश्चर्य हो सकता है।

सहजता का एहसास दिलाएँ : जिन लोगों को आप पहले से जानते हैं, उनके साथ जुड़ने का एक तरीका यह भी है कि आप उन्हें आपसी

संबंधों की सहजता का एहसास दिलाएँ। असल में, जब आप किसी के साथ जुड़ने की कोशिश शुरू करते हैं तो वह स्वाभाविक रूप से सावधान हो जाता है और उसके मन में सवाल उठता है कि आप उसके साथ क्यों जुड़ना चाहते हैं। ऐसे में, जब भी लोगों से मिलें तो उनके साथ दोस्ताना व्यवहार करें, ताकि उन्हें आपकी उपस्थिति बिल्कुल सहज लगे। वे जो कुछ भी कहें, उसके बारे में कोई स्पष्ट रुख न प्रकट करें। यदि कोई कुछ ज्यादा गलत भी बोल रहा हो तो बस, उसकी तरफ उलझन के भाव से देखें या साधारण तौर पर ऐसा व्यवहार करें मानो उस व्यक्ति के साथ कुछ गड़बड़ है। हाँ, उससे दूर भी न खड़े हों या ऐसा भी न दिखाई दें कि आप उस पर ध्यान नहीं दे रहे हैं।

लोगों से बातचीत के समय अपना ध्यान गर्मजोशी व सकारात्मक ऊर्जा का संचार करने पर केंद्रित करें और उन्हें एहसास दिलाएँ कि वे आपसे बेहिचक कुछ कहने के बाद भी सुरक्षित रह सकते हैं। इस तरह लोग आपके साथ खुलकर बातचीत कर सकेंगे और आप उनके साथ ज्यादा आसानी से अपने बंधन को मजबूत बना सकेंगे। इसके उलट, यदि लोगों को थोड़ी सी भी भनक लग गई कि आप अंदर से उनकी आलोचना करते हैं या उनकी बातों को अपने नजदीकी दोस्तों के साथ भी साझा करेंगे तो आप उन लोगों के साथ नहीं जुड़ सकेंगे।

यदि आपके दोस्तों में से कोई बुरे वक्त में है तो आपका थोड़ा सा प्यार, चाहे उसकी पीठ पर थपथपी हो या उसके कंधे पर हाथ, उसे बहुत ही सुखद एहसास दे सकता है।

आपको भी खुलना पड़ेगा : यदि आप सचमुच लोगों से जुड़ना चाहते हैं तो आपको ही खुद को खोलने के लिए तैयार रहना होगा और उन्हें भी यह झाँकने का मौका देना होगा कि आखिर आप कौन हैं। कुछ लोग दूसरों से जुड़ पाने में इसलिए सक्षम नहीं होते हैं, क्योंकि वे खुद के व्यक्तित्व पर हमेशा पहरा लगाए रखते हैं और उन्हें वास्तव में दूसरे

लोगों के साथ खुद के कमजोर होने का डर लगा रहता है। हाँ, दूसरों से खुलने का मतलब यह भी नहीं है कि आप अपना सबकुछ उनके सामने रख दें। लेकिन, दूसरों से जुड़ने के लिए आपको उनके साथ अपनी कुछ निजी बातें तो खोलनी ही पड़ेंगी। जरूरी नहीं कि आप एक ही बार में उन्हें सबकुछ बता दें, लेकिन उन्हें अपने नजदीक आने देने के लिए पहले आपको ही पहल करनी होगी। इसलिए धीरे-धीरे अपना कदम बढ़ाएँ। दूसरे लोगों की प्रतिक्रिया देखें और फिर आगे बढ़ें या पीछे हट जाएँ।

लोगों से जुड़ने के लिए जब आप अपनी निजी जानकारियाँ उनके सामने प्रस्तुत करते हैं आप उन्हें ज्यादा मानवीय लगते हैं और फिर उन्हें भी आपसे खुलने का भावनात्मक कारण मिलता है। आप लोगों के साथ अपना बहुत कुछ साझा कर सकते हैं, जैसे कि अपने बचपन की घटनाएँ, परिवार के सदस्यों के साथ अपने खट्टे-मीठे रिश्ते, पहले के प्रेम संबंधों के कुछ हसीन पल या जुदाई के भावुक क्षण, भविष्य की आशाएँ या फिर कुछ बीते समय की निराशाएँ आदि।

लोगों का धन्यवाद करें : लोगों से जुड़ने का रास्ता यह भी है कि उन्हें धन्यवाद देने के लिए भी समय निकालें। यह उन्हें खुद को महत्त्वपूर्ण महसूस करने का मौका देता है। उन्हें लगता है कि आप उन पर ध्यान दे रहे हैं। उन्हें खुशी होती है कि आप जानते हैं कि वे आपके जीवन में कुछ मूल्य जोड़ रहे हैं। तो, यह सुनिश्चित करें कि लोग खुद को महत्त्वपूर्ण महसूस कर सकें। साथ ही, इसके बारे में पूरी तरह ईमानदारी व स्पष्टता प्रकट करें कि वे आपके लिए सचमुच में कितना मायने रखते हैं।

यहाँ तक कि जब आप अपने सहकर्मियों का एक छोटी सी सलाह के लिए धन्यवाद करते हैं या फिर अपने कुत्ते की देखभाल के लिए अपने पड़ोसी का धन्यवाद करते हैं, सचमुच में आभार प्रकट करने की कोशिश करना भी आपको दूसरों से साथ जुड़ने में मदद करता है।

हाँ, आजकल धन्यवाद करने का तरीका भी बहुत सतही हो गया

है। लोग अकसर 'धन्यवाद' कहकर या फिर 'धन्यवाद' का पाठ संदेश भेजकर अपने कर्तव्य की इतिश्री मान लेते हैं। लेकिन, दूसरों के साथ सही मायने में जुड़ने के लिए इस सूखे धन्यवाद से काम नहीं चलेगा। इसके लिए आपको दूसरों के लिए समय निकालना पड़ेगा और उन्हें व्यक्तिगत रूप से उपस्थित होकर अपना आभार प्रकट करना होगा। तभी आप दूसरों को यह एहसास करा पाने में सफल हो सकते हैं कि आप सचमुच में उन्हें कितना चाहते हैं। और, यही आपको उनके साथ और भी मजबूती के साथ जुड़ने का रास्ता बनाता है।

मनोवैज्ञानिक शोध साबित करते हैं कि लोगों को दिल से धन्यवाद करना आपको ज्यादा खुशी देता है। इससे दोनों पक्ष एक-दूसरे के ज्यादा नजदीक आ जाते हैं और भविष्य में एक-दूसरे की सहायता के लिए ज्यादा तत्परता प्रदर्शित करते हैं।

संबंधों को जारी रखने का प्रयास जरूरी : यह सलाह आपको बहुत ही सामान्य लग सकती है। लेकिन हैरानी की बात यही है कि ऐसे बहुत से लोग हैं, जो उन लोगों के साथ भी जुड़े नहीं रह पाते हैं, जिन्हें वे सचमुच में पसंद भी करते हैं। और इसका एक बड़ा कारण यह भी होता है कि वे अपने रिश्तों को बनाए रखने के लिए कोई कोशिश ही नहीं कर पाते। ऐसा या तो आलस्य के चलते होता है या शर्म की वजह से या फिर लोगों को लगता है कि वे इतने व्यस्त हैं कि कई लोगों के साथ घूमने-फिरने का समय नहीं निकाल सकते। लेकिन, आप सचमुच में दूसरों के साथ जुड़े रहना चाहते हैं तो आपको नियमित तौर पर कम-से-कम आधा घंटे का समय तो निकालना ही पड़ेगा कि आप उन लोगों के साथ दूरभाष पर बातचीत कर सकें। फिर आप ऐसे नजदीकी लोगों को चाय-कॉफी आदि के लिए आमंत्रित कर भी अपने संबंधों को जारी रख सकते हैं।

खुद को अविश्वसनीय न बनाएँ : यदि आप लोगों को कहीं पर

आमंत्रित करते हैं तो उसके लिए लोगों से लगातार पूछताछ भी करनी पड़ेगी कि वे निर्धारित समय पर पहुँच पा रहे हैं या नहीं। या यदि आप उनसे मिल पाने में असमर्थ हैं या फिर देरी से मिल सकेंगे तो इसके बारे में उन्हें समय रहते सूचित करना पड़ेगा। याद रखें कि निर्धारित कार्यक्रम में बदलाव के बारे में आपके पास ईमानदार कारण होना चाहिए। यदि आप निराधार बहाने बनाएँगे तो लोगों की नजर में अविश्वसनीय बन जाएँगे और फिर, वे आपके साथ घूमना-फिरना नहीं चाहेंगे।

यह बहुत जरूरी है कि आप लोगों से अकेले मिलने के लिए समय निकालें। यदि आप ऐसा नहीं कर पाते हैं तो यह भी तय मान लीजिए कि आप संबंधों को बनाए रखने में सक्षम नहीं हैं। इसका अर्थ यह भी निकलता है कि आप सचमुच में लोगों के साथ सामाजिक रूप से जुड़ना ही नहीं चाहते हैं। यदि ऐसा नहीं है तो आपको सामाजिक बनने के लिए सप्ताह में दो-तीन दिन का समय निकालना ही पड़ेगा कि आप किसी-न-किसी के साथ चाय-कॉफी-जलपान-भोजन पर मिल सकें।

बातचीत में मौजूदगी साबित करें : यदि आप सचमुच में लोगों के साथ अपने संबंधों को जारी रखने के लिए तत्पर हैं तो उनके साथ बातचीत के दौरान आपको अपनी मौजूदगी भी साबित करनी होगी। अकसर होता यह है कि आप लोगों को चाय-कॉफी-भोजन आदि के लिए आमंत्रित करते हैं, वहाँ पर उपस्थित भी हो जाते हैं; लेकिन बातचीत के दौरान आप कहीं और खो जाते हैं। इससे बात बनने की बजाय बिगड़ जाएगी। दूसरों को यह महसूस करने में जरा सा भी वक्त नहीं लगेगा कि आप उसकी बातों में ध्यान केंद्रित नहीं कर पा रहे हैं। इसका मतलब यह निकलता है कि आप उनके साथ मिलने की बस, औपचारिकता निभा रहे हैं।

याद रखें कि औपचारिक संबंधों में बहुत हद तक अनौपचारिक

होना पड़ता है; यानी आप जिस किसी से मिलते हैं, उसके साथ सीधा संवाद कायम रखना पड़ता है, उनकी बातचीत में बराबरी के साथ भागीदारी व गर्मजोशी प्रदर्शित करनी पड़ती है। बातचीत के दौरान दूसरे व्यक्ति को यह सजीव एहसास होना चाहिए कि आप सचमुच में उसकी बातों को ध्यानपूर्वक सुन-समझ पा रहे हैं। बस, 'हाँ', 'हूँ' से काम नहीं चलेगा। बातचीत के दौरान दूसरों की आँखों में झाँकते रहना पड़ेगा और उनकी बातों पर अपनी राय भी प्रकट करनी पड़ेगी और वह भी पूरी ईमानदारी से। जब आप ऐसा करते हैं तो दूसरे ही बातचीत का आनंद नहीं लेते, बल्कि आपको आनंद की अनुभूति होती है। यही तो बातचीत का असल मतलब है कि दूसरे आपको समझें और आप दूसरों को।

नए लोगों से तुरंत कैसे जुड़ें?

लोगों से तत्काल जुड़ना भी अद्‌भुत कौशल है, जिसे हर नेतृत्वकर्ता को सीखना चाहिए। पहली नजर में यह भले ही काफी मुश्किल लग रहा हो, लेकिन ऐसा करना संभव है। आप ये तरीके आजमा कर देखें, आपके लिए भी किसी नए व्यक्ति से जुड़ना बिल्कुल आसान नजर आने लगेगा।

मुसकराएँ और आँखों में आँखें डालें : यदि आप किसी के साथ तुरंत जुड़ना चाहते हैं तो मुसकराएँ और उसकी आँखों में आँखें डालें। बस, फिर क्या है, अपना परिचय दीजिए और बातचीत शुरू कर दीजिए। मनोवैज्ञानिक अनुसंधानों से यह सिद्ध किया जा चुका है कि मुसकराना वास्तव में संक्रामक है। तो बस, आपके मुसकराने भर की देर है, बहुत अधिक संभावना है कि वह व्यक्ति भी तत्काल मुसकराएगा और उसके चेहरे पर आपसे बातचीत करने की उत्सुकता साफ नजर आने लगेगी।

आँखों का लगातार संपर्क उस व्यक्ति को यह महसूस करा पाने में सक्षम है कि वह जो कुछ भी कह रहा है, उसकी आप सचमुच में

परवाह करते हैं। और आपकी यह कोशिश उस व्यक्ति को आपको पसंद करने लिए बहुत अधिक उत्सुक बना सकता है।

हाँ, आप आँखों के संपर्क को बीच-बीच में तोड़ भी सकते हैं, ताकि बातचीत बहुत ही तीव्र न लगे और उस व्यक्ति को ऐसा न लगे कि आपके दिमाग में दूसरी बातें भी चल रही हैं। आप लोगों को देखते हुए मुसकराते हुए अभ्यास भी कर सकते हैं। बस, जब आप उनके साथ चल रहे हों और बहुत अधिक संभावना है कि आप उस व्यक्ति पर अपनी सकारात्मक ऊर्जा फैला सकें।

व्यक्ति के नाम का उपयोग करें : जब आप किसी व्यक्ति को उसका नाम लेकर पुकारते हैं तो वह खुद को महत्त्वपूर्ण महसूस कर सकता है। कम-से-कम वह इतना महत्त्वपूर्ण तो जरूर महसूस करता है कि आप उसका नाम याद रखते हैं। कुछ इस तरह से कहकर देखिए, "आपसे मिलकर बहुत खुशी मिली, विजय।" ऐसा कहते हुए आप उस व्यक्ति के भाव को पढ़ें, आपको साफ दिखेगा कि जब अंत में आप उसका नाम लेते हैं तो उसका चेहरा किस प्रकार खिल उठता है और वह आपसे कितना और अधिक जुड़ा हुआ महसूस करता है।

सावधान! भले ही आपको व्यक्ति विशेष का नाम याद न रहे, लेकिन आप हठात् यह न पूछ बैठें कि "फिर से बताएँ कि आपका नाम क्या है?" या फिर ऐसा भी न कह दें कि "मुझे बस, आपका नाम याद रखने की जरूरत ही नहीं पड़ी।" उस व्यक्ति को और अधिक तुच्छ महसूस कराने के लिए इससे बड़ी बात और क्या हो सकती है! यदि आप सचमुच में नए लोगों से जुड़ना चाहते हैं तो आपके लिए न केवल उनका नाम याद रखना, बल्कि उसका उपयोग भी बहुत जरूरी है। हाँ, इस सच का आप बहाने के रूप में भी प्रयोग न करें कि आपकी याददाश्त को लोग बहुत ही कमजोर मानते हैं। यदि वास्तव में आप नए लोगों से जल्द-से-जल्द जुड़ना चाहते हैं तो आपको उनके नाम याद करने के

लिए वास्तविक प्रयास करने ही चाहिए।

शरीर-भाषा को सहज रखें : आपकी शरीर-भाषा (बॉडी लैंग्वेज) आपको और अधिक प्रवेश योग्य (एप्रोचेबल), और अधिक खुला दिखा सकने में मदद कर सकती है। और, यह लोगों को आपको तत्काल पसंद करने के लिए प्रेरित कर सकती है। यदि आप चाहते हैं कि नया व्यक्ति आपसे तत्काल जुड़े तो आपको अपने शरीर को उस व्यक्ति की तरफ घुमाना चाहिए, बिल्कुल सीधे खड़े होना चाहिए, बाँहों को सीने पर बाँधकर खड़े होने से बचना चाहिए और उस व्यक्ति की तरफ अपनी ऊर्जा को निर्देशित करना चाहिए। याद रहे कि ऊर्जा का यह निर्देशन बहुत अधिक तीव्र भी नहीं होना चाहिए। यदि आप अपना चेहरा घुमाए रखेंगे, अपनी बाँहों को अपने सीने पर बाँधे रखेंगे तो वह व्यक्ति यही महसूस करेगा कि आप उसकी बातों में दिलचस्पी नहीं ले रहे हैं और फिर वह आपसे जुड़ने की कोशिश ही नहीं करेगा।

छोटी सी अच्छी बातचीत का महत्त्व : लोगों से तत्काल जुड़ने के लिए छोटी सी अच्छी बातचीत का मूल्य कम न समझें। आपको ऐसा लग सकता है कि छोटी सी बातचीत अर्थहीन होती है और इसका उपयोग बस, वही लोग करते हैं, जो सतही संबंध बनाना चाहते हैं। लेकिन, मनोवैज्ञानिक सच्चाई यही है कि छोटी सी अच्छी बातचीत वास्तव में आपको लोगों के साथ सच्चे संबंध बनाने और उसे गहराई तक ले जाने में बहुत सहायक होती है।

आपको यह समझना चाहिए कि जब आप लोगों के साथ जुड़ना शुरू करते हैं तो आप बहुत गंभीर विषय पर चर्चा नहीं करते हैं। आपकी बातचीत का विषय यह नहीं होता है कि जिंदगी का क्या मतलब है या आपकी दादी के मरने के कारण आपकी जिंदगी पर कितना बुरा प्रभाव हुआ था। पहले-पहल तो कुछ खुशी देनेवाली छोटी सी हलकी-फुलकी बातचीत से ही आपसी जुड़ाव को और अधिक गहराई में ले जाने की

दिशा में आगे बढ़ते हैं। फिर ज्यों-ज्यों आप लोगों को बेहतर जानने लगते हैं और आपसी जुड़ाव सहज होता जाता है, आप गंभीर विषयों पर भी बातचीत करने लगते हैं।

आप छोटी सी अच्छी बातचीत करने के लिए इन सुझावों का उपयोग कर सकते हैं—

- गंभीर बातचीत की ओर बढ़ने के लिए पहले सरल विषयों का प्रयोग करें। जैसे, आप इस तरह की टिप्पणी कर सकते हैं, "बीते सप्ताहांत मौसम बहुत सुहाना था।" और फिर, आप दूसरे से यह भी पूछ सकते हैं कि, "चलिए, आप बाताइए कि आपने उस अच्छे मौसम का कैसा आनंद लिया?"
- वही सवाल करें, जो बिल्कुल खुला हो और बातचीत को आगे बढ़ा सकनेवाला हो। ऐसे सवालों से बचें, जिनका उत्तर बस, 'हाँ' या 'ना' में दिया जा सकता हो।
- बातचीत का संदर्भ माहौल को ध्यान में रखकर ही चुनना चाहिए। यदि बातचीत के दौरान आपको आसपास की दीवारों पर नई फिल्म के विज्ञापन चिपके दिखाई दे रहे हों तो आप उस व्यक्ति से पूछ सकते हैं कि वह उस फिल्म को देखने जा रहा है या नहीं, या वह उस फिल्म के अभिनेता-अभिनेत्री के बारे में क्या सोचता है।
- बातचीत को हलका-फुलका रखें। जल्द ही ऐसा कोई विषय न छेड़ दें कि दूसरा व्यक्ति अचानक दुखी या गंभीर हो जाए और आप लोगों के बीच बातचीत का सिलसिला थम जाए।

व्यक्ति को विशेष महसूस कराएँ : यदि आप किसी के साथ जुड़ने की कोशिश कर रहे हैं तो उसे अपनी टिप्पणी से विशेष महसूस कराना भी बहुत जरूरी होता है। वैसे, आपको उस व्यक्ति पर प्रशंसा की झड़ी लगाने की कोई जरूरत नहीं है। आपकी छोटी सी टिप्पणी भी उस

व्यक्ति को प्रभावशाली या दिलचस्प महसूस करा सकने के लिए काफी हो सकती है और उसे तत्काल पता चल सकता है कि आप उसे सचमुच में विशेष मानते हैं। और, आप ऐसा जितनी जल्दी कर सकते हैं, वह निश्चित रूप से आपको उससे जुड़ने में उतनी ही अधिक मदद कर सकता है। इस मनोवैज्ञानिक तथ्य को गाँठ बाँध लें कि आखिरकार सभी व्यक्ति खुद को विशेष महसूस करना चाहते हैं।

आप इन आकस्मिक टिप्पणियों से किसी को भी तत्काल विशेष होने का एहसास करा सकते हैं—"आपका लेख पढ़कर तो बस मजा ही आ गया। क्या जबरदस्त विश्लेषण है आपका! मैं तो कभी ऐसा सोच भी नहीं सकता था।" "मैं तो हैरान हूँ कि आप इतनी भाषाएँ भी बोल सकते हैं।" "काश, हम बहुत पहले ही मिले होते। आपसे बातचीत करना तो बहुत ही सहज है।" "आपकी हँसी तो अनोखी है। यह तो संक्रामक है।"

लोगों से सवाल पूछें : लोगों से तत्काल जुड़ने का कारगर तरीका यह भी है कि दिलचस्प होने की बजाय दिलचस्पी लेने पर ध्यान केंद्रित करें। इसका मतलब यह नहीं है कि आप खुद को बेहद मनमोहक व मनोरंजक बनाकर लोगों को प्रभावित करने की कोशिशें नहीं करें। लेकिन, लोगों से तत्काल जुड़ने का इससे बहुत ही आसान तरीका है कि आप व्यक्तियों में सच्ची दिलचस्पी लें और प्रदर्शित करें कि आप वास्तव में उनका और उनके द्वारा किए गए कार्यों का ध्यान रखते हैं। साफ है कि जब आप किसी व्यक्ति में दिलचस्पी लेते हैं तो उसके बारे में बहुत कुछ जानना भी चाहते हैं। लेकिन, इसके लिए उस व्यक्ति से इतने सवाल भी न करें कि वह गहन पूछताछ जैसा लगे। बस, कुछ प्रासंगिक प्रश्न ही काफी हैं कि वह व्यक्ति आपसे जुड़ने में रुचि ले। जैसे कि आप उस व्यक्ति के शौक, पसंदीदा संगीत, पसंदीदा कार्य या सप्ताहांत की योजनाओं के बारे में पूछ सकते हैं।

बातों को सकारात्मक रखें : यह सामान्य मनोवैज्ञानिक तथ्य है

कि लोग दुखी या परेशान होने की बजाय खुशी व उत्साहित महसूस करना पसंद करते हैं। तो सिर्फ यही तार्किक है कि लोग आपसे जुड़ने तथा आपके साथ समय बिताने में तभी ज्यादा रुचि ले सकेंगे, जब आप अपनी बातों को सकारात्मक रख सकेंगे और वही बातें करेंगे, जो उन्हें खुशी महसूस करने का मौका दे। वैसे यह भी रोचक मनोवैज्ञानिक तथ्य है कि कमोबेश हर व्यक्ति दूसरों की आलोचना या शिकायत करना भी पसंद करते हैं। लेकिन आपको अपना ध्यान सकारात्मक बने रहने पर केंद्रित करना चाहिए। हाँ, यदि आपको सचमुच में जरूरत हो और आप संबंधित व्यक्ति को अच्छी तरह से जानते-समझते हों, तभी उसके बारे में थोड़ी सी शिकायत कर सकते हैं। वैसे, किसी की पीठ पीछे उसके बारे में कुछ भी नकारात्मक न बोलना ही बेहतर होता है।

अपना उद्देश्य हमेशा ध्यान में रखें कि आप लोगों से जुड़ना चाहते हैं। और यह तभी संभव हो सकता है, जब आप सकारात्मक ऊर्जा पैदा करनेवाली बातें करें, ताकि आपके आसपास के लोग ज्यादा सकारात्मक महसूस करें। यदि आप हमेशा दुखी रहते हैं और बात-बात में गुस्सा कर बैठते हैं तो कोई भी आपसे क्यों जुड़ना पसंद करेगा ? यदि कभी आपके मुँह से किसी के बारे में कोई नकारात्मक टिप्पणी निकल जाए तो उसे तत्काल दो सकारात्मक टिप्पणियों से खारिज कर देने की कोशिश करें। इसका मतलब यह नहीं कि आपको अपना पूरा व्यक्तित्व ही बदल लेना है और दूसरों को मूर्ख बनाना है। इसका अर्थ सिर्फ इतना है कि आपको अपने जीवन में हमेशा अच्छी चीजों पर अपना ध्यान केंद्रित रखना है। और यदि आप नए लोगों से मिलते हैं और चाहते हैं कि वे आपको हमेशा प्यार से याद रखें तो आपको अपनी बातों को सकारात्मक ही रखना पड़ेगा।

लोगों को सुनना सीखें : लोगों से तत्काल जुड़ने का सबसे अच्छा तरीका यह भी है कि आप उनकी बातों को पूरे धैर्य व ध्यान से सुनें। जब

कोई नया व्यक्ति आपसे बात कर रहा हो तो यह सुनिश्चित करें कि आप दखल या अपने बोलने की बारी का इंतजार करने की बजाय सचमुच में उसकी बातों को ही सुन रहे हैं। जब वह अपनी बातें पूरी कर ले तो इस तरह जवाब दें, जिससे लगे कि आपने उसकी हरेक बात को ध्यान में रखा है। यह उस व्यक्ति को आपसे बहुत अधिक जुड़ा हुआ महसूस करने का मौका देगा। यदि आप बातचीत में कुछ ऐसी बातों को सामने लाएँगे, जो उस व्यक्ति ने बातचीत के दौरान पहले कही हों तो व्यक्ति आपसे सचमुच प्रभावित महसूस करेगा। असल में, अधिकांश लोग यही महसूस करते हैं कि लोग उन्हें पूरी तरह नहीं सुनते। ऐसे में, जब आप साबित करते हैं कि आप उनकी सारी बातों को पूरे ध्यान से सुनते रहे हैं तो उन्हें बहुत अच्छा लगता है और वे आपसे बहुत अधिक प्रभावित हो जाते हैं।

कार्य के लिए लोगों से कैसे जुड़ें?

हम अपने जीवन में अधिकांश लोगों से काम के लिए जुड़ते हैं। नेतृत्वकर्ता के रूप में आपकी सबसे बड़ी कुशलता यही होती है कि आप विभिन्न प्रकार के लोगों के साथ कैसे जुड़ते हैं और उन्हें अपने कार्य में कैसे संलग्न करते हैं। आप निम्नलिखित बातों को ध्यान में रखकर अपने कार्यक्षेत्र के लोगों के साथ आसानी से जुड़ सकते हैं।

पहले मौजूदा संपर्कों का उपयोग करें : आपको ऐसा लग सकता है कि आप ऐसे किसी व्यक्ति को नहीं जानते, जो पेशेवर जीवन में आपकी मदद कर सकता हो। लेकिन, आपको यह जानकर सुखद आश्चर्य होगा कि आपके पहले से ही ऐसे कई संपर्क हैं, जो स्वयं तो कोई पेशेवर मदद नहीं कर सकते, लेकिन उनके संपर्क में बहुत से पेशेवर लोग भी हैं, जो आपके काम आ सकते हैं। यदि आप कोई नई नौकरी खोज रहे हैं या फिर अपने पेशेवर जीवन को नई दिशा में ले जाना चाहते हैं तो सबसे पहले अपने जाननेवाले से पूछें कि वे किन्हें जानते हैं। आप इस संबंध में अपने दोस्तों को लक्षित कार्य और अपनी योग्यताओं से संबंधित विवरण

के साथ इ-मेल भी भेजकर पता कर सकते हैं कि वे आपकी क्या मदद कर सकते हैं।

ऐसा न सोचें कि आप स्वयं की बजाय अपने मौजूदा संपर्कों का उपयोग कर नौकरी या काम हासिल कर प्रणाली को धोखा दे रहे हैं। आप तो खेले जाने की बजाय बस खेल खेल रहे हैं। आज के इंटरनेट के युग में 'ऑनलाइन जॉब सर्च' लोकप्रिय हो रहा है। लेकिन विभिन्न शोधों से पता चलता है कि दुनिया भर में 70 से 80 प्रतिशत तक नौकरियाँ विज्ञापित नहीं की जाती हैं, बल्कि उन रिक्तियों को पेशेवर संजाल के माध्यम से भरे जाते हैं। तो, नौकरियाँ या काम खोजने के लिए अपने संपर्कों का उपयोग करने में झिझकने की कोई जरूरत नहीं है। लेकिन, ध्यान रखें कि आपको सिर्फ संपर्क के आधार पर ही नौकरी नहीं मिलने वाली है। तमाम संपर्कों के बावजूद आपको अपनी योग्यता तो साबित करनी ही पड़ेगी। हाँ, संपर्क का उपयोग करने से आप अँधेरे में इधर-उधर भटकने से बच जाते हैं।

अपना बिक्री आधार तैयार रखें : यदि आप नौकरी खोजने के लिए किसी के साथ जुड़ने में सक्षम होना चाहते है तो आपको पता होना चाहिए कि अपने आपको कैसे बेचें और यह काम कितनी जल्दी करें। हो सकता है कि आपके पास उस व्यक्ति से मिलने के लिए केवल एक या दो मिनट हों, जो आपको नौकरी खोजने में मदद कर सकता है; और जब आप ऐसा करते हैं तो आपको अपने आप को विशिष्ट बनाना होगा। आप उसके साथ इधर-उधर की बातें नहीं कर सकते, बल्कि अपने आप ऐसे प्रस्तुत करना होगा कि वह आपको याद कर ले और आपको उस व्यक्ति की तरह देखे, जिसकी वह मदद करना चाहता है।

चाहे आप अपने को बेच रहे हैं या फिर कोई उत्पाद, सबसे महत्त्वपूर्ण बात यह है कि आपके पास उस व्यक्ति के लिए मजबूत शुरुआती पंक्ति होनी चाहिए, जो यह प्रदर्शित कर सके कि आप ही ऐसे उम्मीदवार क्यों हैं, जिसे नियोक्ता खोना नहीं चाहेगा या आपका उत्पाद ऐसा क्या कुछ है,

जिसमें उसे निवेश करना चाहिए। अपनी बातचीत को संक्षिप्त रखें और अपना बिजनेस कार्ड देते हुए बातचीत को यह कहते हुए समाप्त करें कि आप उस व्यक्ति से सुनवाई की उम्मीद रखते हैं। हाँ, आपको यह जरूर सुनिश्चित करना चाहिए कि वह व्यक्ति आप में या आपके उत्पाद में वास्तविक रुचि ले।

मदद का रास्ता निकालें : यदि आप किसी व्यक्ति से पेशेवर संपर्क बनाना चाहते हैं तो उसका एक तरीका यह भी है कि आप उसकी मदद का रास्ता निकालें। लेकिन, इसके लिए आपको थोड़ा सा लीक से हटकर सोचना व खोजना पड़ सकता है कि आप ऐसा क्या कुछ कर सकते हैं, जिसका प्रत्यक्ष रूप से आपके पेशेवर से कोई लेना-देना नहीं है। जैसे, आप जानते हैं कि वह व्यक्ति उपन्यास लिख रहा है और आपकी पृष्ठभूमि लेखन से जुड़ी रही है तो आप उसे अपनी सलाह का प्रस्ताव कर सकते हैं। इसी तरह, यदि वह व्यक्ति अपनी बेटी की शादी के लिए उचित स्थान ढूँढ़ रहा है तो आप उसे यह बता सकते हैं कि आपके किसी परिचित के पास जबरदस्त विवाह-स्थल है, जो उसे आकर्षक छूट पर मिल सकता है। आप अपने व्यक्तिगत संपर्क के जरिए उस व्यक्ति की अन्य जरूरतों को पूरा करने में भी मदद दे सकते हैं। तो, आप यह न सोचें कि आपके पास लोगों को देने के लिए कुछ भी नहीं है। आपके पास ऐसी बहुत सी कुशलताएँ व योग्यताएँ हैं, जो बहुत से तरीकों से लोगों को लाभ पहुँचा सकती है और आपको अपना व्यावसायिक संपर्क बनाने में मदद कर सकती है।

लगातार प्रयास करते रहें : आप सोच सकते हैं कि लगातार प्रयास करना अपना रास्ता बंद करना भी हो सकता है। विशेष रूप से जब आप नौकरी या कारोबार के लिए संपर्क करते हैं तो आपको लगता है कि यदि नियोक्ता को नौकरी देने में या कारोबारी संपर्क को कारोबार करने में सचमुच में रुचि होती तो उसने पहली मुलाकात में अपना फैसला

स्पष्ट कर दिया होता। लेकिन, आपको हैरानी होगी कि कितनी ही बार दूसरे लोग भी आपसे संपर्क साधेंगे। बस, आप लगातार प्रयास करते हैं, नियमित रूप से संबंधित व्यक्ति को अतिरिक्त दूरभाष करते रहें, सामाजिक या कारोबारी कार्यक्रमों में उनसे मिलते रहें या फिर प्रगति की जानकारी संबंधी इ-मेल भेजते रहें।

हाँ, ध्यान रखें कि आप अपनी तरफ से ऐसी कोई जल्दबाजी न दिखाएँ, जो उस व्यक्ति को खिझाए; लेकिन आप जल्दी हार भी न मानें। जरा सोचें—सबसे बुरी बात यही तो हो सकती है कि आप उस व्यकित का ध्यान खींचने की कोशिशें करते रहें और वह कभी भी आपको जवाब न दे। तो क्या हुआ, आप वहीं से तो शुरू हुए थे और फिर से वहीं पहुँच गए। सभी कोशिशें सफल ही हों, यह जरूरी तो नहीं; लेकिन प्रयास तो जारी रहना ही चाहिए। एक नहीं तो और सही, और नहीं तो और सही। आपको पेशेवर संपर्क बनाना है तो आपके पास एकमात्र विकल्प यही है कि आप अपनी कोशिश जारी रखें।

खुद को यादगार बनाएँ : लोगों के साथ पेशेवर संजाल बनाने का एक रास्ता यह भी है कि आप यह सुनिश्चित करें कि उनके दिमाग में आपकी एक अलग छवि बने और वे आपको याद रख सकें। जैसे कि आप बहुत अच्छी फ्रेंच बोल सकते हैं, या आप और वह व्यक्ति दोनों किसी लेखक, गायक या चित्रकार को पसंद करते हैं। आपको बस, एक या दो तरीका ढूँढ़ना होगा, ताकि जब आप बाद में संबंधित व्यक्तियों से जुड़ने की कोशिश करें तो वे आपको आसानी से याद कर सकें। लेकिन इसका मतलब यह नहीं है कि आप बहुत ही अलग तरीका न अपनाएँ कि आप अप्रिय लगें।

लोगों के नजदीकियों से जुड़ें : जब आप अपने लिए पेशेवर संजाल बना रहे हैं तो आपको कम समय में अधिक लोगों से जुड़ने की कोशिश करने जरूरत होती है। इसके लिए सबसे कारगर तरीका यही है

कि आप जिन लोगों से सचमुच में मिलने को इच्छुक हैं, उनके नजदीकी मित्रों से जुड़ें। जैसे, आप 'लिंक्ड इन' जैसे पेशेवर संजाल से जान सकते हैं कि अमुक व्यक्ति से आपके काम के कौन-कौन से तार जुड़े हुए हैं और फिर उनसे जुड़ने का निवेदन करें। आप अपने मित्रों व परिचितों से भी अपने नजदीकियों को मिलवाने का आग्रह कर सकते हैं। चूँकि आप पेशेवर संजाल बना रहे हैं, इसलिए दूसरे पेशेवर भी आपसे जुड़ने को इच्छुक होंगे। इसलिए संकोच की कोई जरूरत नहीं है। बस, अपने मित्रों के संदर्भ के साथ उनके मित्रों से बेधड़क मिलें। चूँकि संजाल का निर्माण करते समय आपको यह पता नहीं होता कि कौन कितना उपयोगी होगा, इसलिए सभी के साथ मित्रतापूर्ण व्यवहार करें और सभी के लिए खुले भी रहें, ताकि कोई चाहे तो आपसे बेहिचक संपर्क कर सके।

खुद तक पहुँच को आसान बनाएँ : यह कहने की जरूरत नहीं है कि जब आप काम के लिए दूसरे लोगों से जुड़ने की कोशिश कर रहे हैं तो आपको भी यह सुनिश्चित करना होगा कि वे लोग भी जरूरत पड़ने पर आपसे आसानी से संपर्क कर सकें और आप तक पहुँच सकें। इसलिए आपको अपने पास हमेशा अपना बिजनेस कार्ड रखना होगा, जिस पर आपसे सीधा संपर्क किया जा सकनेवाला कार्यालय पता, दूरभाष, इ-मेल, वेबसाइट या ब्लॉग पता भी मुद्रित हो। जैसे, यदि किसी को आपके बारे में पता चला और वह आपसे संपर्क करना चाहता है तो आपके व उसके बीच सिर्फ 'गूगल खोज' भर की दूरी हो। इसके लिए आप अपनी व्यक्तिगत वेबसाइट भी बना सकते हैं या फिर गूगल प्लस, फेसबुक, ट्विटर, 'लिंक्ड इन' जैसे लोकप्रिय सामाजिक संजालीकरण मंचों का भी उपयोग कर सकते हैं। जब आप लोगों से जुड़ना चाहते हैं तो वे आपके बारे में भी संक्षिप्त जानकारी चाहते हैं, जो उन्हें इन ऑनलाइन माध्यमों से आसानी से मिल सकती है।

□

5

बेहतर श्रोता कैसे बनें?

मिनिसोटा विश्वविद्यालय में लंबे समय तक 'भाषण कला' के प्राध्यापक रहे डॉ. रॉल्फ जी. निकोलस को 'श्रवण' (लिसनिंग) क्षेत्र का जनक माना जाता है। 1960 के दशक में हजारों छात्रों एवं सैकड़ों कारोबारियों पर व्यापक शोध के बाद डॉ. रॉल्फ ने घोषित किया था, "आमतौर पर लोग यह नहीं जानते हैं कि कैसे सुनें। उनके पास कान होते हैं, जो बहुत अच्छी तरह सुनते हैं; लेकिन शायद ही कभी वे आवश्यक 'कर्ण कौशल' (ऑरल स्किल) हासिल करते हैं, जो उन कानों को प्रभावी ढंग से उपयोग की अनुमति देता हो, जिसे 'श्रवण' कहा जाता है।" डॉ. रॉल्फ ने अपने अध्ययन में पाया था कि अधिकांश लोगों ने जो कुछ भी सुना था, वे उसका सिर्फ आधा ही अपने पास बनाए रख सके थे; और ऐसा उनके सुनने के तुरंत बाद हुआ था। और, छह महीने बाद वे सुनाई गई बातों का सिर्फ 25 प्रतिशत ही याद रख सके थे।

डॉ. निकोलस ने इसका आधारभूत कारण यह बताया था कि मनुष्य बोलने की तुलना में अधिक तेजी से सोच सकता है; क्योंकि मानव मुँह प्रति मिनट 125 शब्दों पर ही निरंतर परिश्रम करता है, जबकि तंत्रिका कोशिका (न्यूरॉन) प्रति सेकंड 200 बार सुलग सकती है। इसलिए डॉ. निकोलस ने सुझाया था कि जब आप सुनते हैं, तब

अपने मस्तिष्क को करने के लिए कुछ और दें। जैसे कि बातचीत में आ रहे महत्त्वपूर्ण बिंदुओं को लिखना, अनकहे संकेतों को सक्रियता से खोजना; अपने आप से पूछना कि वक्ता क्या कुछ जान-बूझकर नहीं कह रहा है, या फिर प्रस्तुत किए जा रहे तथ्यों/सबूतों की तुलना। इस तरह डॉ. निकोलस ने यह निचोड़ निकाला था कि बोले गए शब्द की प्रभावशीलता 'लोग कैसे बातचीत करते हैं' पर उतना अधिक नहीं टिकती, जितना कि 'वे कैसे सुनते हैं' पर।

अपनी तीक्ष्ण बुद्धि व कुशल संपादकीय टिप्पणियों के लिए प्रसिद्ध अमेरिकी उपन्यासकार एडगर वाटसन होवे ने एक बार मजाक किया था, ''कोई भी आदमी आपकी बात को नहीं सुनेगा, यदि उसे पता न हो कि अगली उसकी है।'' बात भले ही मजाक में कही हो, लेकिन मनोवैज्ञानिक तथ्य यही है कि अधिकांश लोग ऐसा ही करते हैं। वे अपने बोलने की बारी के इंतजार में इतने व्यस्त होते हैं कि दूसरों की बातों को वास्तव में सुन ही नहीं पाते। सफल लोग अच्छा श्रोता बनने के अविश्वसनीय मूल्य को बखूबी समझते हैं। वे जानते हैं कि कुशलतापूर्वक सुनना दूसरों से सकारात्मक संबंध बनाने की नींव है।

दूसरों को सुनने का महत्त्व

ध्यानपूर्वक सुने बिना किसी से संबंध बनाना संभव नहीं है। जब हम दूसरों को ध्यानपूर्वक सुनते हैं तो वास्तव में उनके प्रति अपनी आदर की भावना को प्रकट करते हैं और इसी से संबंधों का निर्माण होता है। इससे ज्ञान बढ़ता है और हमें नए विचार उत्पन्न करने में मदद मिलती है। इससे निष्ठा की भावना पनपती है और हम अपने साथ-साथ दूसरों की मदद कर पाते हैं।

सुनना आदर व्यक्त करता है : संवाद स्थापित करने में अधिकांश लोग जो सबसे बड़ी गलती करते हैं, वह है दूसरों को प्रभावित करने की जी-तोड़ कोशिश करना। वे ऐसा इसलिए करते

हैं कि वे खुद को दूसरों से अधिक होशियार, मजाकिया व मनोरंजक साबित करना चाहते हैं। लेकिन यदि आप दूसरों से जुड़ना चाहते हैं तो आपको दूसरों की बात को भी सुनना पड़ेगा, ताकि आपको यह पता चले कि वे आपसे क्या साझा करना चाहते हैं।

यदि आप 'दूसरों से प्रभावित' और 'दूसरों में रुचि' लेने की बजाय 'दूसरों को प्रभावित' एवं 'दूसरों के लिए रुचिकर' बनने की कोशिश करते हैं तो परोक्ष रूप से दूसरों का अनादर करना ही होता है। इससे साबित होता है कि आपकी नजर में उनका कोई महत्त्व नहीं है। याद रखें, हरेक व्यक्ति अपने आप में विशिष्ट होता है; वह कई मामलों में आपसे अधिक श्रेष्ठ भी हो सकता है और आप उससे बहुत कुछ सीख भी सकते हैं। इस तरह, यदि आप दूसरों को नहीं सुनते हैं तो न केवल उसका अनादर करते हैं, बल्कि सीखने के अवसर भी गँवाते हैं।

सुनना संबंध का निर्माण करता है : आत्म-सुधार, बिक्री कर्म, निगमित प्रशिक्षण, सार्वजनिक भाषण व पारस्परिक कौशल विषयों के जाने-माने अमेरिकी लेखक ने अपनी मशहूर पुस्तक 'कैसे दोस्तों को जीतें और लोगों को प्रभावित करें' में लिखा है—"आप अच्छे श्रोता बनकर दो सप्ताह में और अधिक दोस्त बना सकते हैं, बजाय इसके कि आप दो वर्षों में लोगों को आप में रुचि लेने की कोशिश करते रहें।" सन् 1936 में प्रकाशित इस पुस्तक की 3 करोड़ से अधिक प्रतियाँ बिक चुकी हैं और वर्ष 2011 में 'टाइम' पत्रिका की '100 सबसे प्रभावशाली पुस्तक' सूची में इसे 19वें स्थान पर रखा गया था। कार्नेगी में संबंधों के मनोवैज्ञानिक तथ्य को समझने की अद्‌भुत प्रतिभा थी। उन्होंने इस तथ्य को बखूबी पहचान लिया था कि जो लोग स्व-केंद्रित (सेल्फ सेंटर्ड) होते हैं और हमेशा अपने व अपने मतलब के बारे में बात करते रहते हैं, वे शायद ही किसी के साथ मजबूत संबंध कायम कर सकते हैं।

इसी प्रकार जॉर्जिया स्टेट यूनिवर्सिटी के प्राध्यापक रह चुके

अमेरिकी स्वयं-सहायता प्रशिक्षक व जीवन रणनीतिकार डेविड यूसुफ श्वार्ट्ज अपनी मशहूर पुस्तक 'बड़ी सोच का जादू' में लिखा है—"बड़े लोग सुनने पर एकाधिकार करते हैं। छोटे लोग बोलने पर एकाधिकार करते हैं।" सुनने के महत्त्व के बारे में इससे और अधिक मर्मस्पर्शी व सटीक टिप्पणी क्या हो सकती है? लोक व्यवहार में दूसरों को सुनने का माहात्म्य अद्‌भुत है। इसी कला की साधना कर कोई सफलता की सीढ़ियाँ चढ़ता चला जाता है, तो इसकी अवहेलना कर अधिकांश लोग अपनी ही शेखी बघारने में मूर्खतापूर्ण आनंद लेने की असफल कोशिश करते रहते हैं।

जब आप सचमुच में दूसरों को सुनते हैं तो आप उन्हें और भी अच्छी तरह से समझ पाते हैं तथा आपके लिए उनसे और अधिक गहरा संबंध कायम कर पाना आसान हो जाता है। क्योंकि, इस तरह आप दूसरों की जरूरतों को पूरा करते हैं। याद रखें कि हरेक व्यक्ति को ऐसे व्यक्तियों की जरूरत होती है, जो उसकी बातों को सुने, समझे और यथा संभव मदद करे, सराहना करे। और, जब आप दूसरों के अच्छे श्रोता बनते हैं तो आप उनके मददगार बन जाते हैं और वे खुद आपसे ज्यादा जुड़ा हुआ महसूस करते हैं।

सुनने से ज्ञान की वृद्धि होती है : रोचक तथ्य यह है कि अच्छे श्रोताओं की हर जगह माँग होती है। वह न केवल सबसे लोकप्रिय होता है, बल्कि उसके पास सबसे अधिक जानकारी भी होती है। जरा सोचिए, जब आप दूसरों को सुनने लगते हैं तो आपको अपने दोस्तों, परिवारजनों, सहकर्मियों, संगठन व आसपास की दुनिया के बारे में कितना कुछ जानने-समझने का मौका मिलता है।

सावधान! कभी भी अपने आप को उस मानसिक स्थिति में न पहुँचा लें कि आपको यह लगने लगे कि आपके पास सारे सवालों के जवाब हैं। जब भी आपको ऐसा लगे तो आपको यह भी तय मान लेना

चाहिए कि अब आप बेहद खतरनाक स्थिति में पहुँच चुके हैं। क्योंकि, जब आप अपने आपको विशेषज्ञ मान लेते हैं तो फिर आपके लिए सीखना जारी रख पाना लगभग असंभव-सा हो जाता है और इस तरह आप खुद ही अपने ज्ञान की विकास-धारा को रोक देते हैं। याद रखें, विश्व के महान् शिक्षार्थी महान् श्रोता भी होते हैं।

विशेष रूप से कार्यस्थलों में यह अकसर देखने में आता है कि जब लोगों के पास ज्यों-ज्यों अधिकार बढ़ते हैं, वे उसी क्रम में लोगों को सुनना भी कम करते जाते हैं। रोचक तथ्य है कि वे जिन लोगों को सुनना कम करने लगते हैं, वे विशेष रूप से उनके मातहत काम करनेवाले लोग होते हैं, जिनके कार्य-प्रदर्शन पर उस अधिकारी का खुद का भविष्य निर्भर करता है। नतीजा यह होता है कि ऐसे लोगों से जल्द ही अधिकार छीन लिये जाते हैं, क्योंकि उनके पास आवश्यक जानकारी का अभाव बढ़ने लगता है और उनके फैसले गलत होने लगते हैं। इसके विपरीत, सफल व प्रभावी नेतृत्वकर्ता अपने सुनने की कला को लगातार उच्चतर स्तर पर ले जाते हैं और कम-से-कम बातचीत में बेहतर जानकारी हासिल करने की क्षमता विकसित कर लेते हैं। इस तरह उनके पास हमेशा सभी प्रकार की जरूरी जानकारियाँ होती हैं और वे सटीक निर्णय कर पाने में सक्षम होते हैं।

ध्यान रहे कि आप अपने जीवन में जितना अधिक सफल होते जाते हैं, आपके लिए अपने आप में लगातार सुधार करते जाना और बेहतर जानकारियाँ हासिल करना उतना ही महत्त्वपूर्ण होता जाता है। ऐसे में, इस सच्चाई को दिमाग में रखना सबसे जरूरी होता है कि बहरे कान बंद मस्तिष्क की निशानी हैं।

सुनना नए विचार पैदा करता है : आप दुनिया के किसी महान् नेतृत्वकर्ता व सफल संगठन की कार्य-प्रणाली को गौर से देखें तो आपको पता चलेगा कि उनके पास अपने लोगों से लगातार संवाद करने

की सुदृढ़ कार्य-प्रणाली होती है। वे अपने लोगों से लगातार संवाद के माध्यम से नई-नई अहम जानकारियाँ हासिल करते रहते हैं और उसके मुताबिक सटीक फैसले कर अपने कार्य-प्रदर्शन को लगातार सुधारते रहते हैं। जब आप अपने सहकर्मियों व कार्य-समूह के सदस्यों को खुलकर बोलने की आजादी देते हैं तो वास्तव में आप अपने लिए जानकारियों व विचारों के दरवाजे खोलते हैं। हो सकता है कि दूसरों के सभी विचार हमेशा आपके लिए कारगर न हों, लेकिन आप के विभिन्न विचारों में बेहतर को चुनने का विकल्प हमेशा मौजूद रहता है।

सुनना निष्ठा का निर्माण करता है : दिलचस्प तथ्य यह है कि जब आप अपने साथियों को सुनना बंद कर देते हैं तो वे अपने विचार सुनाने के लिए किसी और को ढूँढ़ लेते हैं। और उसके नतीजे अकसर खतरनाक ही होते हैं। जब कभी आप अपने कर्मचारियों, सहकर्मियों, परिवारजनों, बच्चों व पत्नी को सुनना कम या बंद कर देते हैं तो वे अपने विचारों व भावनाओं को साझा करने के लिए किसी और को ढूँढ़ लेते हैं ऐसे में, उनकी निष्ठा दूसरे व्यक्ति में स्थानांतरित होने लगती है, जो उन्हें सुनते हैं और धीरे-धीरे आप अपने लोगों का विश्वास खोकर अपने आपको ही अलग-थलग एवं असफल साबित कर लेते हैं। ऐसे नेतृत्वकर्ता जल्द ही अपना प्रभाव खो देते हैं और उन्हें उनके पदों को छोड़ने के लिए मजबूर कर दिया जाता है। दूसरों को न सुन पाने के कारण लोग अकसर अपने नजदीकी मित्रों को खो देते हैं, बच्चों पर अपने प्रभाव को खत्म कर लेते हैं और यहाँ तक कि अपने विवाह संबंध से हाथ धो बैठते हैं।

दूसरी तरफ, जब आप अच्छी श्रवण-कुशलता का अभ्यास करते हैं तो आपसे अधिक-से-अधिक लोग आकर्षित होने लगते हैं। इसका आधारभूत मनोविज्ञान यही है कि हर कोई अच्छे श्रोता को प्यार करता है। जब आप दूसरों को सुनते हैं, उनके विचारों को सुनकर उनके प्रति

आदर की भावना का प्रदर्शन करते हैं तो अपने प्रति उनकी निष्ठा को भी मजबूत कर लेते हैं। ऐसे में भले ही आपके पास अधिकार न हों, फिर भी लोग आपको ही अधिकारी मानने लगते हैं।

सुनना दूसरों की मदद करना है : जब आप अपने में दूसरों को सुनने की कुशलता को विकसित करते हैं तो आप सहजता से महसूस कर सकते हैं कि आप दूसरों के बेहतर मददगार भी बन जाते हैं। पहली नजर में तो यही लगता है कि जब हम दूसरों को सुनते हैं तो फायदा भी दूसरों का ही होता है। लेकिन, इसका विपरीत सकारात्मक असर भी होता है। वास्तव में आप दूसरों को सुनकर और उनकी मदद कर अपनी मदद के लिए रास्ता भी बना लेते हैं; क्योंकि दूसरों को सुनकर उनके साथ आप ज्यादा नजदीकी व मजबूत संबंध भी स्थापित कर लेते हैं और वे भी पूरी निष्ठा के साथ हमेशा आपकी मदद के तैयार खड़े रहते हैं।

अच्छे श्रोता बनने का सबसे बड़ा लाभ यह मिलता है कि आप दूसरों के नजरिए से भी दुनिया को देखना सीख लेते हैं। यह आपकी समझ को समृद्ध बनाता है और दूसरों के प्रति आपकी सहानुभूति की क्षमता का विस्तार भी करता है। यह आपको अपने संचार/संवाद कौशल को सुधारने में मदद कर आपको बाहर की दुनिया के साथ आपके संपर्क को भी बढ़ाता है। अच्छा श्रवण-कौशल (लिसनिंग स्किल) आपको किसी व्यक्ति की स्थिति के बारे में गहरे स्तर की समझ प्रदान कर सकता है और आपको यह जानने में मदद करता है कि उपयोग के कौन से शब्द सबसे अच्छे हैं और किन शब्दों के उपयोग से आपको बचे रहने की जरूरत है। दूसरों को सुनने की कुशलता या श्रवण-कौशल भले ही बहुत आसान लगता है, लेकिन इस कौशल का विकास करने के लिए, यानी अच्छे श्रोता बनने के लिए लगातार ईमानदार प्रयास और बहुत कठिन अभ्यास करना पड़ता है। विशेष रूप से जब

असहमति की स्थितियाँ पैदा होती हैं, तब अच्छे श्रोता बने रह पाना बहुत ही मुश्किल होता है।

खुले दिमाग से सुनना जरूरी

अच्छे श्रोता बनने के लिए आपको सबसे पहले खुले दिमाग से सुनने का अभ्यास करना होगा। इसके लिए आप निम्नलिखित तरीका अपना सकते हैं—

खुद को दूसरों के स्थान पर रखें : अपने आप में खो जाना और केवल दूसरे व्यक्ति की बातों के प्रभाव पर विचार करना बहुत आसान है। लेकिन दूसरों को सक्रिय रूप से सुनना कठिन है, क्योंकि इस प्रक्रिया को आपकी आवक सोच (इनवार्ड थिंकिंग) बाधित कर देती है। इसके लिए आपको अपने आपको खोलना पड़ेगा और दूसरे व्यक्ति के नजरिए से समस्याओं पर ध्यान देना पड़ेगा। यानी आपको खुद को दूसरों के स्थान पर रखना होगा, तभी आप उनकी बातों को ध्यान से सुन सकेंगे, उन समस्याओं को ठीक प्रकार से समझ सकेंगे और बहुत हद तक उन समस्याओं के अधिक तेजी से समाधान भी सुझा सकेंगे। स्पष्ट है कि अच्छे श्रोता बनकर आप खुद को दूसरों की मदद के लिए भी सक्षम बना सकेंगे। इस तरह आप उस व्यक्ति को और अधिक समझ सकेंगे और आपकी मित्रता भी बेहतर हो जाएगी।

याद रखें कि प्रकृति ने आपको सुनने के लिए तो दो कान दिए हैं, लेकिन बोलने के लिए सिर्फ एक मुँह। क्यों? इसलिए कि आपको बोलने से अधिक सुनना चाहिए। इसीलिए बोलने की तुलना में सुनना अधिक लाभदायक होता है। जब लोगों को सुनें तो बातचीत में खुद को पूरी तरह शामिल करें और उनकी आँखों में झाँकें ताकि बोलनेवाले को यह महसूस हो कि आप उसका ध्यान रखते हैं। यदि आप उसकी बातों की वास्तव में परवाह नहीं करते हैं तो भी सामने वाले को बुरा नहीं लगता, क्योंकि आप उसके प्रति नम्रता प्रकट कर रहे होते हैं।

ध्यान रहे कि जो लोग अधिक सुन पाते हैं, वे अधिक चौकस रहते हैं; इसलिए वे अधिक विचारशील होते हैं और उन्हें चीजों की बेहतर समझ भी होती है। इसलिए आपको ईमानदारी से सुनने का अभ्यास करना पड़ेगा; क्योंकि आपकी ऊपरी नम्रता उन्हें ज्यादा समय तक आपसे बाँधे नहीं रख सकेगी और आपको भी सुनने का नाटक करने से कोई लाभ हासिल न होगा। सुनिश्चित करें कि आप वास्तव में सुन रहे हैं तथा कुछ और नहीं कर रहे हैं।

इसके लिए जरूरी है कि आप तत्काल उस व्यक्ति के बारे में कोई फैसला न करें और न ही उसी समय समाधान सोचने लगें। बस, सुनने में समय लगाएँ और दूसरों के नजरिए से स्थिति को देखने की कोशिश करें। जरा सोचिए, यदि कोई आपके बारे में बिना सुने ही फैसला करने लगे तो आपको कैसा महसूस होगा। इससे आपको उस व्यक्ति को सचमुच में सुनने में मदद मिलेगी। आप उसके बारे में अपनी राय बनाने की बजाय स्थिति को सचमुच में समझ सकेंगे।

अपने अनुभवों से तुलना न करें : दूसरों को सुनते समय अधिकांश से यही गलती हो जाती है कि वे दूसरों के अनुभवों की तुलना अपने अनुभवों से करने लगते हैं। नतीजा यह होता है कि आपका दिमाग दूसरों को सुनने की बजाय अपने ही अनुभवों के आधार पर उसकी जाँच-परख करने में व्यस्त हो जाता है कि वे ठीक बोल रहे हैं या नहीं। ऐसे में दूसरों को सुनने की प्रक्रिया वहीं रुक जाती है। यदि कोई व्यक्ति अपने परिवार में किसी की मृत्यु के बारे में कुछ कह रहा है, तो भले ही आप अपने भी कुछ विचार साझा करें, लेकिन यह कहने से बचें, ''यह बिल्कुल वैसे ही हुआ जैसे मेरे साथ हुआ था।''

ध्यान रखें कि दूसरों के अनुभव की अपने अनुभव से तुलना करना आक्रामक या असंवेदनशील भी हो सकता है। ऐसा विशेष रूप से तब हो सकता है, जब आप कम गंभीर अनुभवों की तुलना सचमुच में

बहुत गंभीर अनुभवों से कर बैठते हैं। जैसे, यदि आप किसी व्यक्ति के तलाक के अनुभवों की तुलना अपने कुछ महीने पुराने संबंध के अंत हो जाने से करने लगेंगे तो उस व्यकित को बातचीत करने में असुविधा हो सकती है और वह अपनी बातचीत अचानक बंद भी कर सकता है। इस तरह आप उस व्यक्ति से अपने संबंध को गहरा करने की बजाय उससे बहुत दूर भी हो जाने का खतरा मोल लेते हैं। आप सोच सकते हैं कि दूसरों की समस्याओं को समझने और उसकी मदद करने का यही सबसे अच्छा तरीका है। आपके सोचने का तरीका वास्तव में उस व्यक्ति को यह सोचने के लिए उकसा सकता है कि आप उसको बिल्कुल भी सुन नहीं रहे हैं।

'मैं' व 'मुझे' बोलने से बचें : जब आप अपनी बातचीत में 'मैं' व 'मुझे' का बहुत ज्यादा उपयोग करते हैं तो इससे सुननेवालों को साफ संकेत मिलता है कि आप उनकी बजाय अपने आप पर अधिक केंद्रित कर रहे हैं। यदि उस व्यक्ति को यह पता चल जाता है कि आपके अनुभव भी समान ही हैं तो वह अपनी बात कहने की बजाय आपसे सुझाव माँगने लग जाता है। ऐसी स्थिति में आप अपना सुझाव दे सकते हैं; लेकिन अपने अनुभवों को दूसरों के अनुभवों की तरह नाटक करने में सावधानी बरतें।

तुरंत मदद देने की कोशिश न करें : कुछ लोग सोचते हैं कि जब वे सुन रहे हैं तो उनके पास भी दूसरे की समस्या का त्वरित व आसान समाधान खोजने की क्षमता होनी चाहिए। ऐसा रुख अपनाना उचित नहीं है। आपको दूसरे की बात को उसी के अंकित मूल्य (फेस वैल्यू) पर लेना चाहिए और तत्काल 'समाधान' के बारे में सोचने से रुकना चाहिए। पहले उस व्यक्ति को बोलने देना चाहिए और जब वह अपनी बात पूरी कर ले तथा आपसे समाधान का आग्रह करे तो ही सोच-समझकर अपना समाधान प्रस्तुत करना चाहिए। और फिर, मदद

का प्रस्ताव भी करना चाहिए।

इसके उलट, यदि आप उसकी बात को पूरी तरह सुने बिना ही उनकी समस्याओं के झटपट सुधारों के बारे में पागलों की तरह सोचना शुरू कर देंगे तो आप उस व्यक्ति की बातों को ठीक प्रकार से नहीं सुन सकेंगे। फिर आपके लिए उनकी समस्याओं के सही समाधान खोज पाना भी संभव नहीं हो पाएगा। तो, आपका ध्यान पूरी तरह उस व्यक्ति की बातों पर केंद्रित होना चाहिए, तभी आप उसकी समस्याओं को ठीक प्रकार से समझ पाएँगे और उनके सटीक समाधान सुझाकर सही मायने में उसकी मदद कर पाएँगे।

ध्यान-भंग को सीमित करें : किसी को सुनते समय अपने ध्यान को भटकने से रोकना आसान नहीं होता है, क्योंकि हमारे आसपास का माहौल पहले से ही बहुत सी ध्यान-भंग (डिस्ट्रेक्शन) करनेवाली स्थितियों से भरा हुआ है। हमारे कानों को अनचाहे भी बहुत से शोर सुनने पड़ते हैं, इसलिए किसी की बात को सौ प्रतिशत शुद्धता से सुन पाना हमारे लिए संभव नहीं हो सकता है। लेकिन, सुनने का लगातार अभ्यास कर हम ध्यान-भंग की स्थितियों को सीमित कर सकते हैं और अच्छे श्रोता बनने के लिए आपको अपने ध्यान को केंद्रित रखने का अभ्यास तो करना ही पड़ेगा; क्योंकि जब तक आप ऐसा नहीं कर पाएँगे, तब तक दूसरों की बात को अधिक-से-अधिक सुन पाना आपके लिए संभव नहीं हो सकेगा।

सहानुभूति प्रकट करें : जब आप किसी को सुन रहे हैं और उसकी बात आपको समझ में आ रही है तो अपने हाव-भाव से तत्काल यह भी प्रकट करें कि आप उसे सचमुच सुन रहे हैं और उससे सहानुभूति रखते हैं। यदि वह व्यक्ति आपको कुछ समझाना चाहता है और आपसे समर्थन की अपेक्षा प्रकट करता है तो आपके लिए 'हाँ' में सिर हिलाना बहुत जरूरी हो जाता है। इसके उलट, यदि वह व्यक्ति अपनी किसी

दु:खद घटना का वर्णन करता है तो आप 'क्या बात है' कहकर उसकी हिम्मत की प्रशंसा भी कर सकते हैं। किसी को सुनते हुए जब आप इस तरह के सहानुभूति के भाव प्रकट करते हैं तो उस व्यक्ति को साफ संकेत देते हैं कि आप न केवल उसकी बातों को सुन रहे हैं, बल्कि उस पर ध्यान भी दे रहे हैं।

हाँ, ध्यान रखें कि यह शब्द उचित समय पर और कोमलता के साथ कहें, ताकि बोलनेवाले को किसी प्रकार का व्यवधान न महसूस हो। यदि व्यक्ति संकट में लग रहा हो तो अपनी संवेदनशीलता प्रकट करें। सावधान! आपकी भाषा बिल्कुल संतुलित हो, ताकि ऐसा न लगे कि आप उसपर दया कर रहे हैं, क्योंकि अधिकांश लोग दया को पसंद नहीं करते। सांत्वना जरूर दें, लेकिन ऐसा करते समय विशेष ध्यान रखें कि आपका व्यवहार उसे नीचा न दिखाए। बिल्कुल मित्रवत् व्यवहार करें।

कही गई बातों को याद रखें : अच्छे श्रोता होने का महत्त्वपूर्ण पक्ष यह भी है कि आप व्यक्ति द्वारा कही गई बातों को इस प्रकार से अवशोषित करें कि उन्हें याद रख सकें। मान लीजिए कि वह व्यक्ति आपसे अपने किसी दोस्त विजय के साथ अपनी समस्याओं के बारे में कुछ बता रहा हो, लेकिन आप उस व्यक्ति के बारे में कुछ भी नहीं जानते हैं। ऐसे में जब आप उससे 'विजय' का नाम लेकर कुछ कहेंगे तो उसे लगेगा कि आपने सचमुच में उसकी बातों को ध्यानपूर्वक सुना था और आप उसकी समस्याओं के प्रति संवेदनशील हैं। इसके विपरीत, यदि आप उस व्यक्ति द्वारा कही गई बातों में कोई सटीक संदर्भ नहीं याद रख पाते हैं तो वह यही मानेगा कि आपने उसकी बातों को ध्यान से सुना ही नहीं था। इसका मतलब यह नहीं है कि आप उसकी बातों को सौ प्रतिशत याद रखने की कोशिश करें। लेकिन, आपको उसकी बातचीत के कुछ महत्त्वपूर्ण तथ्य तो याद रखने ही पड़ेंगे। इसके लिए

बस, आपको अच्छे श्रोता की तरह उसकी बातों को पूरे ध्यान से सुनना पड़ेगा और उसकी समस्या के प्रति सच्ची सहानुभूति भी रखनी पड़ेगी।

अनुवर्तन करें : अच्छे श्रोता होने का एक दूसरा महत्त्वपूर्ण पक्ष यह भी है कि आप किसी व्यक्ति द्वारा कही गई बातों को न सिर्फ याद रखें, बल्कि समय-समय पर उस घटना विशेष का अनुवर्तन (फॉलोअप) यानी दुबारा पूछताछ भी करते रहें। यदि आप उस व्यक्ति द्वारा कही गई बातों का कभी दुबारा उल्लेख ही नहीं करेंगे तो उसे तो यही लगेगा कि आपने उसकी बातों को ध्यानपूर्वक नहीं सुना था और आप उसकी कोई चिंता नहीं करते। यदि आप सचमुच उस व्यक्ति के प्रति संवेदनशील हैं और उसकी चिंता करते हैं तो आपको अगली ही मुलाकात में पिछली मुलाकात में कही गई बातों की स्थितियों के बारे में पूछताछ के साथ ही अगली बातें शुरू करनी चाहिए। यदि मुलाकात संभव नहीं हो तो ज्यादा देर होने से पहले उसे फोन करें और उस घटना के बारे में पूछें।

यदि मामले अति संवेदनशील व गंभीर हैं, जैसे कि तलाक की आशंका, नौकरी की खोज या फिर स्वास्थ्य संबंधी जटिलताएँ, तो आपको उसके बारे में बार-बार पूछते रहना होगा और मदद के लिए तैयार भी रहना होगा। याद रखें कि जिस व्यक्ति ने आपसे ऐसी संवेदनशील बातों को साझा किया है, वह आपको अपना नजदीकी मानता है और परोक्ष रूप से आपसे सहानुभूति व मदद की उम्मीद भी करता है। ऐसे में, जब आप उन बातों का अनुवर्तन करते हैं तो आपके प्रति उसका भरोसा पक्का हो जाता है और आप दोनों के बीच का संबंध अधिक गहरा हो जाता है। तो अनुवर्तन आपके श्रवण-कौशल को अगले स्तर पर ले जाता है।

हाँ, ध्यान रखें कि किसी व्यक्ति के बारे में अनुवर्तन करने और उसकी छिद्रान्वेषण (नुक्ताचीनी) करने में अंतर होता है। यदि किसी व्यक्ति ने आपसे यह बात की कि वह किस प्रकार अपनी नौकरी छोड़ने

के लिए मजबूर है, तो आप एक संवेदनशील मित्र होने के नाते अगले ही दिन यह नहीं पूछना चाहेंगे कि उसने त्याग-पत्र दिया या नहीं। यदि आप ऐसा करते हैं तो आप सही, मायने में उसके सच्चे मित्र नहीं हैं, क्योंकि ऐसा पूछकर आप उसकी मदद करने की बजाय अनजाने में ही सही, उसकी समस्या को बढ़ा ही रहे होते हैं।

जानिए कि क्या नहीं करना है : यदि आप अच्छे श्रोता बनने की कुशलता विकसित कर रहे हैं तो आपके लिए 'क्या करना है', यह जानना जरूरी है। आपके लिए यह जानना भी उतना ही जरूरी है कि 'क्या नहीं करना है।' यदि आप चाहते हैं कि बोलनेवाला व्यक्ति आपको गंभीरता से ले और आपके प्रति आदर की भावना प्रकट करे तो आपको निम्नलिखित बातों व व्यवहारों से खुद को बचाना होगा—

- दूसरों के बोलने के बीच में व्यवधान न पैदा करें।
- व्यक्ति की पुलिसिया पूछताछ नहीं करें। इसकी बजाय जब जरूरी लगे तो धीरे से सवाल पूछें। अर्थात् जब वह व्यक्ति अपनी बात पूरी कर ले या फिर बीच में विराम ले, तब।
- विषय को बदलने की कोशिश न करें, भले ही थोड़ा असहज ही क्यों न हो।
- ऐसा कहने से बचें कि 'बस, दुनिया यहीं नहीं खत्म हो जाती' या 'आप सुबह तक बिल्कुल ठीक महसूस करेंगे।' ऐसे कथनों से आप उस व्यक्ति की समस्याओं को कम करने की कोशिश करते हैं और उस व्यक्ति को बुरा महसूस करने के लिए उकसाते हैं। जब वह व्यक्ति बोल रहा है तो बस, उसकी आँखों में आँखें डाले रखिए, ताकि उसे लगे कि आप उसमें रुचि ले रहे हैं और उसे सुन रहे हैं।

जानें कि कब क्या कहना है

अच्छा श्रोता बनने के लिए आपको यह जानना बेहद जरूरी है कि

आपको क्या कहना है और कब कहना है। यदि आप निम्नलिखित बातों का ध्यान रखेंगे और उसके मुताबिक अभ्यास करेंगे तो आपके लिए एक बेहतर श्रोता बन पाना ज्यादा आसान हो सकता है—

पहली बार में चुप रहें : यह भले ही बहुत स्पष्ट व महत्त्वहीन लगे, लेकिन सुनने की सबसे बड़ी बाधा यही है कि हम अपने आवेगी विचारों को प्रकट करने के उतावलेपन को रोक नहीं पाते हैं। इसी तरह, कई लोग दूसरों के बोलने के बीच में ही अपने अनुभवों को साझा करने लगते हैं और यह समझते हैं कि वे सहानुभूति व्यक्त कर रहे हैं। असल में, ये दोनों प्रतिक्रियाएँ स्वाभाविक हैं और हमारी आंतरिक अनुभूतियों (गट फीलिंग) के कारण उत्पन्न होती हैं। वैसे तो, ऐसी प्रतिक्रियाएँ मददगार भी हो सकती हैं, लेकिन इनका आमतौर पर इतना अधिक उपयोग किया जाता है कि वे अंतत: दुर्व्यवहार जैसी लगने लगती हैं। तो, अपने आवेग पर काबू रखें और दूसरे को अपनी गति से और अपने तरीके से अपने विचारों को प्रकट करने के लिए धैर्यपूर्वक प्रतीक्षा करें।

गोपनीयता के बारे में आश्वस्त करें : आप अच्छे श्रोता तभी बन सकते हैं, जब दूसरा व्यक्ति अपनी बातों को बिना किसी आशंका के आपके सामने रख सके। और, इसके लिए जरूरी है कि आप उस व्यक्ति को पूरी तरह आश्वस्त करें कि आप उसकी बातों को गोपनीय रखेंगे। यदि कोई व्यक्ति आपसे अपने कुछ निजी या महत्त्वपूर्ण बातें कर रहा है तो उसके लिए यह आश्वस्त होना भी बहुत जरूरी होता है और उन बातों को अपने तक ही सीमित रखेंगे। ऐसे में, तब आप उस व्यक्ति को बताते हैं कि आप सचमुच में विश्वास योग्य हैं और उसकी बातों को अपने पेट में रख सकते हैं।

ध्यान रखें, अपनी गोपनीयता के प्रति आश्वस्त करते समय उस व्यक्ति को अपनी बातें प्रकट करने के लिए न तो उकसाएँ और न ही किसी प्रकार का दबाव बनाएँ; क्योंकि आपकी ऐसी कोई भी कोशिश

उस व्यक्ति को असहज बना सकती है और वह आप पर अपना गुस्सा भी प्रकट कर सकता है।

इतना ही नहीं, जब आप उस व्यक्ति को यह कहते हैं कि वह जो कुछ भी कहेगा वह गोपनीय रहेगा, तो यह पूरी तरह सच भी होना चाहिए। लेकिन, कई बार ऐसी परिस्थितियाँ भी हो सकती हैं, जो आपको उस व्यक्ति की बातों को अपने तक ही सीमित रखने से रोक सकती हैं। जैसे कि वह व्यक्ति अपनी बातों से आत्महत्या की तरफ बढ़ता हुआ लगता है तो आपका अत्यधिक चिंतित हो जाना और उस बात की गोपनीयता भंग कर देना भी बहुत जरूरी होता है। लेकिन आमतौर पर ऐसी नौबत नहीं आती है। तो याद रखें कि यदि आप सचमुच में भरोसा रखने योग्य नहीं हैं तो आप कभी भी अच्छे श्रोता नहीं हो सकते।

वक्ता के प्रोत्साहक बनें : बातचीत के दौरान उचित अंतराल पर सहानुभूति प्रकट करनेवाले शब्द बोलना भी महत्त्वपूर्ण होता है, ताकि बोलनेवाले को ऐसा महसूस न हो कि आप उनकी बातों को सुन ही नहीं रहे हैं। ऐसे में, आप जब भी बोलें तो ध्यान रखें कि आपकी बातें बोलनेवाले को प्रोत्साहित करें। ऐसा करने के लिए उसकी कही गई बातों के महत्त्वपूर्ण बिंदुओं को संक्षेप में दुबारा से बोलें या उसकी बातों को दोहराएँ। इससे बातचीत को सहज प्रवाह में बहने में मदद मिलेगी और वक्ता को अपनी बातचीत के प्रति कम स्वयं-सजग (सेल्फ कंसियस) बनाएगी।

सार्थक व सशक्त बनानेवाले सवाल पूछें : अच्छे श्रोता बनने के लिए जरूरी है कि आप वक्ता से ऐसे सवाल न पूछें, जो उसकी तहकीकात करता हुआ लगे या उसे सुरक्षात्मक बनाए। इसकी बजाय सार्थक व सशक्त बनानेवाले सवाल पूछें, जो विषय को स्वाभाविक निष्कर्ष तक पहुँचाने में वक्ता की मदद कर सके। ऐसे में, वक्ता

को यह नहीं लगता कि वह कोई अनुमान लगा रहा है या फिर बहुत अधिक दबाव बना रहा है। याद रखें कि अब आपकी श्रवण-कुशलता अगले स्तर पर पहुँच रही है। आप सहानुभूतिपूर्ण श्रवण (एंपथेटिक लिसनिंग) का कौशल हासिल कर चुके हैं और सशक्त श्रवण (एंपावर्ड लिसनिंग) कौशल को हासिल करने की दिशा में आगे बढ़ रहे हैं। अब आपको वक्ता को सिर्फ सहानुभूतिपूर्वक ही नहीं सुनना है, बल्कि उसे स्वाभाविक निष्कर्ष पर पहुँचने के लिए जरूरी सवाल भी पूछना है।

व्यक्ति के खुलने की प्रतीक्षा करें : सक्रिय श्रोता वक्ता की रचनात्मक प्रतिक्रिया को प्रोत्साहित करते हैं और इस प्रक्रिया में वे हमेशा धैर्य बनाए रखते हैं। इससे वक्ता को अपनी सोच, भावनाओं व विचारों को पूरे प्रवाह के साथ प्रस्तुत करने में मदद मिलती है। ध्यान रहे कि कोई भी वक्ता बोलने के क्रम में तत्काल खुल नहीं पाता है और उसे पूरे प्रवाह में आने में कुछ अधिक समय भी लग सकता है। ऐसे में, यदि आप अपना धैर्य खो देते हैं और वक्ता के दम लेने या रुकने से पहले ही बहुत से निजी व तहकीकात करनेवाले सवाल पूछने लगते हैं तो भले ही आपका इरादा सकारात्मक हो, लेकिन वक्ता पर इसका विपरीत असर होता है। यह व्यक्ति रक्षात्मक और किसी भी जानकारी को साझा करने के लिए अनिच्छुक बन सकता है।

तो, अच्छे श्रोता बनने के लिए आपको धैर्यवान् भी होना पड़ेगा और वक्ता की बातों को उसकी परिस्थिति में रखकर समझने की कोशिश करनी पड़ेगी। वक्ता के भाषण के स्वाभाविक प्रवाह में व्यवधान न पैदा करें, बल्कि उसे पूरी तरह अपनी बात रखने और आपसे राय माँगने का मौका दें और इस बीच में अपना धैर्य कायम रखते हुए खुद को चुप रखें। सक्रिय श्रोता दूसरों को सुनने के क्रम में अपने आंतरिक विचारों को अपने दिमाग के अस्थायी खानों में रखने की कुशलता का अभ्यास करता है और बातचीत के विराम का इंतजार करता है। जब बातचीत का

क्रम थमता है, तभी अच्छे श्रोता सहानुभूतिपूर्वक अपने सवाल पूछता है और फिर वक्ता भी उत्साहित होकर अपनी बातों को ज्यादा स्पष्ट करने की कोशिश करता है।

सावधान! सीधी सलाह देने से दूर रहें, जब तक कि आपसे ऐसा कहा न जाए। बेहतर यही होता है कि आप व्यक्ति विशेष को अपनी स्थितियों के बारे में विश्लेषण करने का मौका दें, ताकि वह अपनी समस्याओं का खुद ही हल निकाल ले। हाँ, यदि वह कहीं उलझता हुआ दिखे तो सार्थक टिप्पणी करने से भी न कतराएँ।

वक्ता आश्वस्त करें : बातचीत का निष्कर्ष जो भी हो, वक्ता को यह जानने दें कि आप उसकी बातों को सुनने में खुशी महसूस करते रहे हैं। यह भी स्पष्ट करें कि यदि जरूरत हुई तो आप आगे के विचार-विमर्श के लिए खुले हुए हैं; लेकिन इसके लिए आप वक्ता पर किसी प्रकार का दबाव न बनाएँ। साथ ही, वक्ता को यह भी आश्वस्त करें कि उनकी बातचीत पूरी तरह गोपनीय रहेगी। यदि आपके पास कोई बेहतर समाधान हो या फिर आप उस विषय के विशेषज्ञ हों तो नम्रता के साथ सहयोग का प्रस्ताव करें; लेकिन झूठी उम्मीद का निर्माण न करें। यदि आप सिर्फ सक्रिय श्रोता ही बने रह सकते हैं तो वह भी स्पष्ट कर दें। यह भी अपने आप में बहुत बड़ी मदद होती है कि आप किसी को धैर्यपूर्वक सुनें। हाँ, सलाह देने के मामले में तटस्थ रहें और ध्यान रहे कि आपकी सलाह आपके अपने अनुभवों से ही बहुत अधिक प्रभावित न हो।

उचित शरीर-भाषा का प्रयोग

अच्छे श्रोता बनने के लिए उचित शरीर-भाषा (बॉडी लैंग्वेज) का प्रयोग भी बहुत महत्त्वपूर्ण होता है। सुनने के क्रम में उचित शरीर-भाषा का प्रयोग भी विशेष प्रकार का कौशल है, जिसे निम्नलिखित बातों को ध्यान में रखकर साधा जा सकता है—

आँखों का संपर्क बनाएँ : जब आप किसी को सुनते हैं तो

उसकी आँखों से संपर्क बनाना बहुत जरूरी होता है। यदि आप किसी के बोलने से उसकी आँखों से संपर्क हटा लेते हैं तो उससे साफ पता चल जाता है कि आप उसकी बातों में रुचि नहीं ले रहे हैं। ऐसे में, हो सकता है, वह फिर कभी भी आपके सामने न खुले और आप दोनों के बीच का संबंध ठंडा हो जाए। अच्छे श्रोता बनने और आपसी संबंधों को मजबूती प्रदान करने के लिए दूसरों की बातों को उनकी आँखों में आँखें डालकर सुनना बहुत महत्त्वपूर्ण है। यहाँ तक कि विषय रुचिकर न भी हो तो भी दूसरों के प्रति आदर प्रकट करने के लिए उनकी बातों को आँखों के संपर्क के साथ सुनना आवश्यक होता है। लेकिन आँखों का संपर्क बनाने का यह अर्थ नहीं होता है कि आप अपने कान व दिमाग कहीं और रखें। अच्छे श्रोता दूसरों की बातों को सुनने के लिए अपनी आँखें, कान व विचारों को उन पर ही केंद्रित रखने की कुशलता विकसित करते हैं।

वक्ता को अपना पूरा ध्यान दें : यदि आप अच्छा श्रोता होना चाहते हैं तो आपके लिए अनुकूल शारीरिक व मानसिक अवस्था बनाना बहुत महत्त्वपूर्ण होता है। यह भी श्रवण-कौशल का अभिन्न हिस्सा है। इसलिए, ध्यान बँटानेवाली सभी वस्तुओं को हटा दें और अपना पूरा ध्यान उस व्यक्ति पर लगाएँ, जो आपसे कुछ कहने के लिए आया हुआ है। जैसे, बातचीत के समय मोबाइल फोन को शांत अवस्था में रखें और अन्य संचार उपकरणों को बंद कर दें। फिर, बातचीत के लिए एकांत की व्यवस्था करें, जहाँ किसी प्रकार का व्यवधान न उत्पन्न हो। एक बार जब आप एक-दूसरे के आमने-सामने हों तो अपने दिमाग को शांत अवस्था में रखें और अपना पूरा ध्यान उस व्यक्ति की बात पर केंद्रित करें। बोलनेवाले को यह प्रदर्शित भी करें कि आप सचमुच में उसकी मदद के लिए तत्पर हैं।

शरीर-भाषा से वक्ता को प्रोत्साहित करें : जब आप 'हाँ' की मुद्रा में अपना सिर हिलाते हैं तो वक्ता को पता चलता है कि आप

उसकी बातों को समझ पा रहे हैं और वह अपनी बातें उत्साह के साथ आगे भी जारी रखता है। यदि आप अपने शरीर के आसनों, अवस्थाओं व गतियों को वक्ता के सामने रखने की कोशिश करें तो वक्ता विश्रांति महसूस करता है और ज्यादा खुलकर अपनी बातें रख पाता है। सीधे वक्ता की आँखों में झाँकने की कोशिश करें। इससे वक्ता को लगता है कि आप न केवल उसकी बातों को सुन रहे हैं, बल्कि उसमें वास्तविक रुचि भी ले रहे हैं। प्रोत्साहित करनेवाली शरीर-भाषा यह भी होती है कि आप अपने शरीर को वक्ता की तरफ घुमाएँ। यदि आप वक्ता से मुँह फेरते हुए नजर आते हैं तो ऐसा संकेत जाता है कि आप उसकी बातों में कोई रुचि नहीं ले रहे हैं और उस स्थान को छोड़ने का मौका ढूँढ़ रहे हैं। यदि आप अपने पैरों को आर-पार करना चाहते हैं तो वह भी वक्ता की तरफ ही होना चाहिए। इसी तरह, अपनी बाँहों को छाती पर बाँधकर खड़े न हों। इससे ऐसा लगेगा कि आप किसी उलझन में हैं या वक्ता की बातचीत के प्रति उदासीन हैं।

रुचि प्रदर्शन के लिए सक्रियता से सुनें : सक्रियतापूर्वक सुनना तभी संभव हो पाता है, जब वक्ता व श्रोता के शरीर व चेहरे आमने-सामने हों। ऐसे में बिल्कुल चुप रहते हुए भी आप वक्ता को स्पष्ट संकेत दे पाते हैं कि आप उसके द्वारा कही जानेवाली बातों के हरेक शब्द को समझ पा रहे हैं। ध्यान रहे कि ऐसा प्रदर्शित करने के लिए आप बार-बार 'हाँ', 'हूँ' या 'ठीक है' बोलने की कोशिश न करें। इससे वक्ता नाराज भी हो सकता है। लेकिन, इसका मतलब यह भी नहीं है कि आप पूरी बातचीत को चुप्पी साधकर ही सुनें। बीच-बीच में उत्साहवर्धक शब्दावलियों का प्रयोग करें, ताकि वक्ता को एहसास हो कि आप उसे पूरे ध्यान से सुन पा रहे हैं। इससे यह भी पता चलता है कि आपके लिए वह व्यक्ति महत्त्वपूर्ण है और आप उसकी हरेक बात का खयाल रखते हैं।

आपकी अभिव्यक्ति : दूसरों को सुनते समय आपकी अभिव्यक्ति (एक्सप्रेशन) भी बहुत महत्त्वपूर्ण होती है। समय-समय पर वक्ता की आँखों में आँखें डालें और उसकी बातों में अपनी रुचि को अभिव्यक्त करें। लेकिन इसका मतलब यह भी नहीं है कि आप इरादतन वक्ता को घूरते रहें, जिससे कि वह परेशान ही हो जाए। बस, उसकी तरफ खुले व दोस्ताना भाव से देखें, ताकि वक्ता को यह लगे कि आप उसे सचमुच में सुन रहे हैं।

छुपी हुई बातों को समझें : अच्छे श्रोता होने के लिए यह भी जरूरी है कि आप वक्ता की अनकही बातों का सही मतलब समझ सकें। इसके लिए वक्ता के चेहरे एवं शरीर की अभिव्यक्तियों की निगरानी करनी पड़ती है। कल्पना करें कि आप किसे मानसिक अवस्था में इस प्रकार की अभिव्यक्तियाँ करते हैं। अपनी बोली को भी वक्ता के ऊर्जा स्तर के आसपास रखें। इससे वक्ता को पता चलेगा कि उसे अपनी बातों को दोहराने की जरूरत नहीं है। वक्ता की कही गई बातों को दोहराने की कोशिश करें, ताकि यह सुनिश्चित हो सके कि आप उसका सटीक मतलब समझ पा रहे हैं।

□

6

संबंधों का रसायन-शास्त्र

हम अपने पेशेवर जीवन की प्रतिस्पर्धा से बस, यूँ ही घबरा जाते हैं। लेकिन, यदि हम मानव जाति के क्रमागत विकास की परिस्थितियों पर नजर दौड़ाएँ तो पता चल जाएगा कि असल में प्रकृति ने मुश्किलों से मुकाबला करके ही हमारे शरीर की रचना की है।

मानव जाति का ज्ञात इतिहास साबित करता है कि मनुष्य का लगभग हर कुछ इस तरह से बनाया गया है कि वह कठिन-से-कठिन परिस्थितियों में भी खुद को जीवित रखने के साथ-साथ अपनी प्रजाति को भी आगे बढ़ा पाने में सफल हो सके। हमारा शरीर क्रिया विज्ञान (फिजियोलॉजी) और एक साथ मिलकर काम करने की जरूरत—दोनों हमारे अस्तित्व के साथ ही हमारे मस्तिष्क में मौजूद हैं। यही कारण है कि जब हम एक साथ मिलकर किसी खतरे का सामना करते हैं तो हमारे कार्य-प्रदर्शन की क्षमता अपने उच्चतम स्तर पर चली जाती है। लेकिन दुर्भाग्य यह है कि आज की निगमित कंपनियों के अधिकतर नेतृत्वकर्ता अपने कार्य-समूहों को बाहरी चुनौतियों से मुकाबले के लिए उत्साहित बनाए रखने के लिए आंतरिक रूप से कार्य-स्थल में भी हमेशा आपात-स्थिति बनाए रखते हैं और वे

'स्वस्थ प्रतिस्पर्धा' के नाम पर आपसी 'प्रतिद्वंद्विता' को हवा देते हैं। लेकिन जीव-विज्ञान (बायोलॉजी) व मानव-विज्ञान (एंथ्रोपोलॉजी) बताता है कि प्रतिद्वंद्विता हमारी स्वाभाविक सामूहिक कार्य-भावना को नुकसान पहुँचाती है और कार्य-स्थल में अविश्वास व असुरक्षा का माहौल बनाती है। और, जब मनुष्य अपने ही लोगों से खुद को असुरक्षित महसूस करने लगता है तो बाहरी चुनौती से मुकाबला करने की बजाय उसकी शक्ति अपनों के बीच खुद को बचाए रखने की कोशिशों में ही खत्म हो जाती है।

जरा अपने पूर्वजों के बारे में गौर कीजिए कि उन्होंने भयानक विपरीत परिस्थितियों में कैसे खुद को तथा अपनी संतानों को बचाए रखा था; जबकि वे अन्य विलुप्त हो चुके प्राणियों के मुकाबले आकार-प्रकार व शारीरिक शक्तियों में काफी कम थे। उनके पास ऐसी क्या चीज थी, जो अन्य प्राणियों में नहीं थी ? मनुष्य जाति के पास जो सबसे अनोखी चीज रही है, वह है 'नियोकॉर्टेक्स'। यह मस्तिष्क की बाहरी परत (सेरेब्रल कॉर्टेक्स) का बहुत ही जटिल हिस्सा है, जो मनुष्य को अपनी समस्याओं को सुलझाने तथा विवेकशील संचार की क्षमताएँ प्रदान करता है। वैसे तो अन्य जानवरों में भी संचार की क्षमता है, लेकिन प्रकृति ने वाक्य-रचना व व्याकरण की क्षमता सिर्फ मनुष्य को ही प्रदान की है। लेकिन मनुष्य जाति के जीवित बने रहने तथा अपनी संतति को लगातार विकसित बनाते जाने का सबसे महत्त्वपूर्ण कारण है, वह है एक-दूसरे के साथ उसकी सहयोग करने की असाधारण क्षमता। मानव ही सबसे अधिक सामाजिक प्रजाति है, जिसकी जीवित बने रहने की क्षमता एवं समृद्ध बनाने की योग्यता दूसरों की मदद पर निर्भर करती है।

प्रकृति ने हमें एक साथ मिलकर काम करने, एक-दूसरे को मदद करने और सुरक्षित रखने की अद्‌भुत योग्यता प्रदान की है।

हमारी यह योग्यता बहुत ही अच्छी तरह से काम करती आ रही है। यही कारण है कि हम अपने अस्तित्व की रक्षा भी करते रहे और अपनी संतति को लगातार बड़ा व समृद्ध बनाने में भी सफल होते चले गए। ध्यान दीजिए, हाथी भी अपना अस्तित्व बचा पाने में सफल रहा; लेकिन वह आज भी लगभग वैसा ही है जैसा कि लाखों वर्ष पहले था। लेकिन, हमारी जिंदगी 50,000 वर्ष पहले के मुकाबले पूरी तरह से बदल गई है। गौर कीजिए, प्रकृति ने मानव प्रजाति को इस तरह बनाया था कि वह खुद को अपने वातावरण के अनुरूप ढाल सके। लेकिन, हमारी मानव जाति एक साथ मिलकर काम करने तथा समस्याओं को सुलझा पाने में इतने अच्छी रही थी कि धीरे-धीरे अपने वातावरण को ही अपने अनुरूप ढालती चली गई। अर्थात्, हम आपसी सहयोग व बुद्धिमत्ता के बल पर अपनी परिस्थिति को ही अपने अनुरूप बना पाने में सफल होते रहे।

लेकिन, हमारी सबसे बड़ी समस्या या विशेषता ही यह है कि हम अपनी आधारभूत आनुवंशिक संकेत-लिपि (बेसिक जेनेटिक कोड) को नहीं बदल सके। हम अभी भी वही हैं, जो 50,000 साल पहले थे। हमारा कार्य-व्यवहार कभी भी नहीं बदला; हमारे आपसी सहयोग की भावना कभी भी नहीं बदली और एक-दूसरे पर हमारी निर्भरता की स्थिति नहीं बदली। अर्थात्, हमने अपने सामूहिक कार्यों से अपनी परिस्थितियों को अपने काबू में कर लिया; हमने अपने आसपास की दुनिया को संसाधन-संपन्न बना लिया; लेकिन स्वयं को नहीं बदल पाए। हम आज भी 'भावुक' व 'सामाजिक' मनुष्य ही हैं, जो एक-दूसरे के साथ सहयोग किए बिना, एक-दूसरे की रक्षा की कोशिश किए बिना एक पल भी नहीं रह सकता। याद रहे कि हमारी जो शक्तियाँ हमें खुद को लाभदायक स्थितियों में रखने में सफल बनाती हैं, वही हमारे लिए समस्याएँ भी पैदा करती हैं।

कोई भी उपलब्धि शून्य में पैदा नहीं होती। हमें उसकी कीमत भी चुकानी पड़ती है।

मानव जाति की रासायनिक निर्भरता

मानव जाति हमेशा से समूहों में ही निवास करती रही थी। और रोचक तथ्य यह भी है कि उन समूहों में रहनेवालों की अधिकतम संख्या 150 के आसपास ही होती थी। ऐसा इसलिए था कि समूह का हर व्यक्ति दूसरे को जानता-समझता था और वे एक-दूसरे पर भरोसा रखते थे। वे ऐसा इसलिए भी करते थे, क्योंकि समूह में रहना उनके व्यक्तिगत हितों के लिए भी जरूरी था। पुरुषों का दल एक साथ मिलकर शिकार पर निकल जाया करता था, तो बाकी समुदाय एक साथ मिलकर बाल-बच्चों का पालन-पोषण और बीमार व बूढ़े लोगों की देखभाल किया करता था।

जैसा कि किसी भी कार्य-समूह में होता है, तब भी उन मानव समूहों के सदस्यों में टकराव की स्थितियाँ आती थीं। लेकिन, जब बाहरी खतरों से लड़ने की नौबत आती थी तो वे अपने सारे मतभेदों को किनारे कर देते थे और उन खतरों से एक साथ मिलकर निपटते थे। यह बिल्कुल वैसा ही था, जैसे कि आपस में अकसर लड़ते-झगड़ते रहनेवाले सहोदर अपने किसी पर आनेवाले खतरे से निपटने के लिए आपसी मन-मुटाव को भूलकर एकजुट हो जाते हैं। यह हमारा मानवीय स्वभाव ही है कि हम अपनों को सुरक्षित रखने के लिए हमेशा ही तत्पर हो जाते हैं। ऐसा न करना हमारे मनुष्य होने की स्वाभाविकता के खिलाफ जाता है; साथ ही अस्तित्व बनाए रखने तथा विकसित होने की सामूहिक योग्यता को भी नुकसान पहुँचाता है।

यही कारण है कि आज भी राजद्रोह को हत्या जैसा दंडनीय अपराध माना जाता है। चूँकि हम अपने अस्तित्व की रक्षा की योग्यता को सबसे महत्त्वपूर्ण मानते आए हैं, इसलिए हम आपसी भरोसे की

भावना को भी गंभीरता से लेते हैं। मानव जाति की आश्चर्यकारी सफलताएँ इस तथ्य को उजागर करती हैं कि प्रतिस्पर्धा व व्यक्तिवाद की तुलना में आपसी सहयोग व सहायता ज्यादा कारगर होती है। हमारे पूर्वज बहुत अच्छी तरह से जानते-समझते थे कि जब उन्हें पहले से ही प्रकृति की कठिनाइयों, सीमित संसाधनों तथा अन्य बाहरी खतरों से लगातार संघर्ष करना पड़ रहा था तो वे आपस में लड़-झगड़कर अपनी मुसीबत को क्यों बढ़ाएँ? इसलिए, सामूहिकता व सामुदायिकता की भावना को कायम रखना उनकी बुनियादी जरूरत बन गई थी और यह सब उनके स्वभाव का ही हिस्सा बनता चला गया था।

यही कारण था कि चाहे वे अमेजन के वर्षा वन हों या फिर अफ्रीका के खुले मैदानी इलाके, सभी जगह सहकारी ग्रामीण जीवन ही मौजूद रहे थे। तो बहुत साफ है कि हमारे पूर्वजों के अस्तित्व व सफलता के अवसरों को भौतिक वातावरणों ने नहीं, बल्कि हमारी प्रजातियों के जीव-विज्ञान व मानव होने की उनकी स्वयं की संरचना ने निर्धारित किया था। इस तरह मानव सभ्यता के विकास की नींव है आपसी सहयोग की भावना। चूँकि विश्व के अलग-अलग हिस्सों में विकसित हुए मानव समुदायों को अलग-अलग विशिष्ट परिस्थितियों से मुकाबला करना पड़ा था, इसलिए उनकी जीवन-शैलियाँ व सभ्यताएँ भी अलग-अलग विशेषताओं के साथ विकसित हुई थीं। लेकिन, एक-दूसरे का सहयोग करना और एक-दूसरे से सहायता लेना पृथ्वी ग्रह पर मौजूद हर मानव का जन्मजात स्वभाव रहा था। और, हम आधुनिक मानवों ने भी अपने पूर्वजों से ही उत्तराधिकार के रूप में सहयोग करने व सहायता लेने का अपना जन्मजात स्वभाव हासिल किया है।

तो, हम लोग सामाजिक प्राणी हैं और सामाजिक होना जितना

हजारों वर्ष पहले महत्त्वपूर्ण था, उतना आज भी है। यह हमारे विश्वास का निर्माण करने तथा उसे बनाए रखने और एक-दूसरे के बारे में जानने-समझने का महत्त्वपूर्ण तरीका था। जब हम काम नहीं कर रहे होते हैं, तब एक-दूसरे को जानने के लिए समय बिताते हैं। वही हमारे बीच विश्वास का बंधन कायम करता है। यह बिल्कुल वही कारण है कि हम एक साथ मिलकर खाना खाने तथा परिवार के रूप में काम करने को सचमुच महत्त्वपूर्ण क्यों मानते हैं। सम्मेलन, वनभोज तथा अन्य प्रकार के सामूहिक आयोजन भी इसीलिए बहुत महत्त्वपूर्ण माने जाते हैं कि कर्मचारियों को आपस में खुलकर बातचीत करने तथा एक-दूसरे को जानने-समझने का मौका मिलता है। हम जितना एक-दूसरे से परिचित होते जाते हैं, हमारे बीच उतना ही मजबूत रिश्ता कायम होता जाता है। संगठनों के नेतृत्वकर्ताओं के लिए भी सामाजिक विचार-विमर्श उतना ही महत्त्वपूर्ण होता है। कार्यालय में बैठकों के अलावा कर्मचारियों के बीच घूमना-फिरना और उन्हें बातचीत में शामिल करना भी आपसी समझदारी व विश्वास के बंधन को मजबूत बनाता है।

यदि आपको विद्यालय या महाविद्यालय के छात्रावास में अन्य विद्यार्थियों के साथ रहने का मौका मिला है तो आपके लिए यह समझना आसान होगा कि एक-दूसरे के साथ बिना मतलब के भी समय बिताना कितना महत्त्वपूर्ण होता है। यही कारण है कि हम बचपन के साथियों एवं विद्यालय-महाविद्यालय के दोस्तों को आजीवन नहीं भूल पाते, भले ही उनसे कितने भी समय के लिए और कितने ही दूर क्यों न हो जाएँ। इस तरह, यह साबित होता है कि मानव प्रजाति के रूप में हमारी सफलता हमारे भाग्य का नतीजा नहीं थी, बल्कि यह हमारे द्वारा कमाई गई थी। मानव के रूप में हम आज जहाँ पहुँचे हैं, उसके लिए हमारे पूर्वजों ने बहुत ही कठिन परिश्रम किया था और

वह सबकुछ एक-दूसरे के साथ मिल-जुलकर किया था। जी हाँ, हम लोग एक साथ मिलकर काम करने के लिए निर्मित हुए हैं। हम लोग एक-दूसरे के बहुत ही गहरे व जीव-वैज्ञानिक स्तर पर जुड़े हुए सामाजिक यंत्र (सोशल मशीन) हैं। यही कारण है कि जब हम एक-दूसरे की मदद करते हैं और हमारा शरीर हमारी कोशिशों के लिए हमें पुरस्कृत करता है कि हम इसे लगातार जारी रख सकें।

क्या आपने कभी गौर किया है कि हमारा शरीर हमारी कोशिशों के लिए हमें कैसे पुरस्कृत करता है? याद रहे कि हमारा हर प्रकार का मनोवैज्ञानिक विकास परीक्षण व त्रुटि (ट्रायल एंड एरर) की लंबी प्रक्रिया से गुजरकर संभव हुआ है। प्रकृति ने बेहद संवेदनशील स्वाद कलिकाओं (टेस्ट बड्स) के साथ हमारी जीभ की रचना की है। लेकिन, स्वाद कलिकाओं की रचना सिर्फ इस काम के लिए नहीं की गई है कि हम विभिन्न प्रकार के स्वादिष्ट व्यंजनों व पेय पदार्थों का आनंद ले सकें। इन स्वाद कलिकाओं का मुख्य काम पाचन-तंत्र (डाइजेस्टिव सिस्टम) को यह संकेत भेजना है कि वह हमारे द्वारा निगले जा रहे पदार्थों को सबसे अच्छे तरीके से पचाने के लिए किस प्रकार के एंजाइम (विभिन्न प्रकार की जैव रासायनिक प्रतिक्रियाओं को घटाने-बढ़ाने के लिए जरूरी विशिष्ट उत्प्रेरक पदार्थ) का प्रवाह करे। जी हाँ, यह बिल्कुल वैसे ही काम करता है, जैसे कि हमारी नाक मस्तिष्क को सूचित करती है कि कहीं खाद्य पदार्थ दूषित तो नहीं है। इसी प्रकार, प्रकृति ने हमारी भौंहों की रचना इसलिए नहीं की है कि हम सुंदर दिखें। भौंह इस जरूरी काम के लिए बनी हुई हैं कि वह शिकार के पीछे दौड़ते या शिकार हो जाने से बचने के लिए भागते समय हमारे चेहरे से निकलनेवाले पसीने के प्रवाह को आँखों में न जाने दे। इस तरह, प्रकृतिं ने हमारे शरीर के प्रत्येक अंग-प्रत्यंग की रचना एक विशिष्ट कार्य के लिए की है, जो हमें अपने अस्तित्व

को बचाए रखने में मदद करती है।

ये सारी चीजें बिल्कुल वैसे ही काम करती हैं, जैसे कोई माता-पिता, शिक्षक या प्रबंधक बखूबी जानता है कि वह अपनी संतान, विद्यार्थी या कर्मचारी को अपेक्षित व्यवहार या परिणाम के लिए किस प्रकार का प्रलोभन या धमकी दे। वे जानते हैं कि हम पुरस्कार हासिल करने के लिए अपने काम पर ध्यान केंद्रित करेंगे। बच्चों या छात्रों को पता नहीं चलता है कि उनके माता-पिता या शिक्षक पुरस्कार व दंड प्रक्रिया (रिवॉर्ड एंड पनिशमेंट प्रोसेस) से किस प्रकार उनके व्यवहार को अनुकूलित कर रहे हैं। लेकिन, वयस्क कर्मचारी के रूप में हम पूरी तरह सचेत होते हैं कि जब हमारी कंपनी हमें प्रोत्साहन राशि की पेशकश करती है तो उसका उद्देश्य क्या होता है। हम अच्छी तरह से जानते हैं कि हमें अतिरिक्त लाभ तभी मिल सकेगा, जब हम अपेक्षित नतीजे हासिल कर सकेंगे। और, सच्चाई यही है कि 'पुरस्कार एवं दंड प्रक्रिया' लगभग हमेशा ही सफलतापूर्वक काम करती है।

रोचक तथ्य यह है कि प्रकृति ने भी हमसे अपेक्षित नतीजे हासिल करने के लिए 'पुरस्कार एवं दंड प्रक्रिया' से हमें अनुकूलित किया है। अब अपने शरीर-विज्ञान पर ही ध्यान दीजिए तो पता चलता है कि हमारे काम करने की कुशलता को बढ़ाने तथा एक-दूसरे के साथ सहयोग करने के लिए हमारे शरीर ने खुशी, अभिमान, आनंद या चिंता जैसी सकारात्मक व नकारात्मक भावनाओं की प्रणाली बनाई हुई है। जब हम स्वयं अपने व अपने आसपास के लोगों को जीवित रखने तथा देखभाल करने के लिए काम करते हैं तो हमारा शरीर हमें विशेष प्रकार के रसायनों से पुरस्कृत करता है, यानी हमारा शरीर अपने भीतर ऐसे रसायन छोड़ता है, जो हमारी अच्छी भावना या खुशी के एहसास के लिए उत्प्रेरक का काम करता है। जी हाँ, हजारों वर्ष पहले के मानव की तरह हम आज भी पूरी तरह से उन्हीं जीव-वैज्ञानिक रसायनों पर निर्भर हैं।

हमारे शरीर में मुख्य रूप से एंडोर्फिन, डोपामाइन, सेरोटोनिन व ऑक्सीटॉक्सिन नामक चार प्रकार के प्राथमिक उत्प्रेरक रसायन (प्राइमरी कैटालिस्ट केमिकल) यानी एंजाइम मौजूद हैं, जो हमारी सकारात्मक भावनाओं में योगदान करते हैं। ये रसायन अकेले भी काम करते हैं और संयुक्त रूप से भी। इसकी खुराक की मात्रा कम भी हो सकती है और ज्यादा भी। और हम खुशी, अभिमान या आनंद की भावनाओं का जिस भी मात्रा में अनुभव करते हैं, उन सभी के आधारभूत कारण ये रसायन तथा उनकी कम-ज्यादा खुराक ही हैं। प्रत्येक स्थिति में हमारा शरीर इन रसायनों की निश्चित खुराक को हमारी नसों में भेजता है। और, जब यह रसायन खून में मिलकर हमारे शरीर में दौड़ता है तो हम एक विशेष भावना को महसूस करते हैं। याद रखें कि प्रकृति ने हमारे शरीर में इन रसायनों की उपस्थिति और उनके स्राव की प्रणाली सिर्फ इसलिए नहीं सुनिश्चित व विकसित की है कि हम सकारात्मक भावनाओं को अनुभव करें, बल्कि इन रसायनों का वास्तविक व व्यावहारिक उद्देश्य है—हमारी उत्तरजीविता यानी अपने अस्तित्व को बनाए रखने की हमारी क्षमता की सुरक्षा।

वैसे, मानव होने में भी अपने आप में एक प्रकार का विरोधाभास ही है। मानव जाति हमेशा से व्यक्ति विशेष के रूप में तथा समूह के सदस्यों के रूप में मौजूद रही है। अर्थात् व्यक्ति विशेष अपने आप में अकेला भी है और कइयों के समूह का हिस्सा भी। यह मानव जाति में जन्मजात रूप से अंतर्निहित हितों के टकराव (कनफ्लिक्ट ऑफ इंटरेस्ट) का कारण भी है। जब भी हम कोई फैसला करते हैं या कोई काम करते हैं तो स्वाभाविक रूप से अपने व्यक्तिगत हितों को सबसे ज्यादा ध्यान में रखते हैं। और हमारे ये व्यक्तिगत हित अकसर हमारे समुदाय या सामूहिक हितों के खिलाफ चले जाते हैं। ऐसे में, मानव समुदाय के रूप में या किसी कार्य-समूह के सदस्य के रूप में हमें यह

विशेष ध्यान रखने की जरूरत पड़ती है कि कहीं हमारा व्यक्तिगत हित हमारे सामुदायिक या सामूहिक हितों के खिलाफ न हो जाएँ। ऐसे में, जब हम विशेष रूप से खुद को ही आगे बढ़ाने के लिए काम करते हैं तो वह हमारे समूह को चोट भी पहुँचा सकता है। इसके उलट, यदि हम विशेष रूप से अपने समूह को आगे बढ़ाने के लिए काम करते हैं तो हमें अपने व्यक्तिगत हितों की कीमत भी चुकानी पड़ सकती है।

मानव जाति में हितों के टकराव का असल कारण उसके जीव-विज्ञान (बायोलॉजी) में ही मौजूद है। हमारे शरीर में मौजूद चार प्राथमिक उत्प्रेरक रसायनों में से दो हमें भोजन खोजने तथा काम को पूरा करने में मदद करते हैं तो बाकी दो रसायन हमें सामाजिक रूप से सक्रिय होने व सहयोग के लिए प्रेरित करते हैं। एंडोर्फिन व डोपामाइन ऐसे दो एंजाइम हैं, जो हमें व्यक्ति विशेष के रूप में अपनी व्यक्तिगत जरूरतों यानी भोजन खोजना तथा उसे सुरक्षित रखना, आश्रय बनाने, औजारों का आविष्कार करने और आगे बढ़कर काम को पूरा करने के लिए प्रेरित करते हैं। इन रसायनों को हम 'स्वार्थी रसायन' (सेल्फिस केमिकल) भी कह सकते हैं। बाकी दो एंजाइम सेरोटोनिन व ऑक्सीटॉक्सिन ऐसे हैं, जो हमें एक साथ मिलकर समूह में काम करने और विश्वास व निष्ठा की भावना को विकसित करने में मदद करते हैं। इन रसायनों को हम 'निस्स्वार्थी रसायन' (सेल्फलेस केमिकल) भी कह सकते हैं। ये रसायन हमारे सामाजिक बंधन को मजबूत बनाते हैं, ताकि हम एक साथ मिलकर तथा सहयोग के साथ काम करें। और, यही वह भावना है, जो समूह के रूप में हमें अपने अस्तित्व को बनाए रखने एवं अपनी संतति को आगे बढ़ाने में मदद करती है।

स्वार्थी रसायन : एंडोर्फिन व डोपामाइन

यदि हमारे शरीर में दो स्वार्थी रसायन—एंडोर्फिन व डोपामाइन—नहीं होते तो हमारे पूर्वज हजारों वर्ष पहले ही भूखे मर चुके होते और

आज हम उनका यशोगान कर पाने के लिए बचे नहीं रहे होते तथा हमारी सभ्यता इस मुकाम पर नहीं पहुँची होती।

एंडोर्फिन का एक ही काम है—शारीरिक दर्द को ढँकना। प्रकृति ने इस रसायन के रूप में हमें व्यक्तिगत नशा प्रदान किया है। जब हम तनाव या डर महसूस करते हैं, तब मस्तिष्क व तंत्रिका तंत्र के भीतर मौजूद एंडोर्फिन हार्मोन समूह का स्राव शुरू हो जाता है। यह हमें बिल्कुल अफीम जैसा नशा कर हमारे दर्द को ढँक देता है। कठिन शारीरिक अभ्यासों के दौरान या उसके बाद अधिकतर खिलाड़ियों में जो उत्साह देखने को मिलता है, उसका असल कारण एंडोर्फिन ही है, जो उनकी नसों में तेजी से दौड़ रहा होता है। यही वह रसायन है, जिसके चलते धावक या अन्य खिलाड़ी अपनी शारीरिक सहन-शक्ति को उच्च स्तरों पर ले जाते हैं और फिर आश्चर्यजनक प्रदर्शन कर हमें चौंका पाने में सफल हो पाते हैं। ध्यान रहे कि खिलाड़ी ऐसा इसलिए नहीं करते हैं कि उन्हें कड़े अनुशासन में रहते हुए ऐसा करना पड़ता है, बल्कि वे इसलिए करते हैं कि उन्हें ऐसा करने में आनंद महसूस होता है। वे अपनी उच्चतम सहन-शक्ति से प्यार करते हैं और उसे हासिल करने के लिए तरसते हैं। ध्यान रहे कि एंडोर्फिन के स्राव के जीव-वैज्ञानिक कारण का शारीरिक अभ्यास से कोई लेना-देना नहीं होता, बल्कि उसका लेना-देना सिर्फ व्यक्ति विशेष (खिलाड़ी) के अस्तित्व से जुड़ा हुआ है।

यदि हम अपने पूर्वजों की जीवन की जरूरतों पर नजर दौड़ाएँ तो इसका व्यावहारिक कारण साफ होता है कि प्रकृति ने मनुष्य को इस नशीले रसायन एंडोर्फिन की सौगात क्यों दी थी। क्योंकि, एंडोर्फिन की बदौलत मानव शारीरिक सहन-शक्ति की वैसी उल्लेखनीय क्षमता हासिल कर सकता था, जो उसके अस्तित्व की रक्षा के लिए बहुत जरूरी था। जरा सोचिए, यदि यह रसायन न होता तो पाषाण युग में

हमारे पूर्वजों में उतनी शारीरिक सहन-शक्ति कैसे आती कि वे शिकार के पीछे मीलों दूर तक कैसे दौड़ने के बाद भी शिकार को अपनी पीठ पर लादकर अपने निवास-स्थानों तक कैसे वापस लौट पाते? यदि हमारे शिकारी पूर्वज थक जाते होते तो उनके समुदाय के बाकी लोगों को नियमित रूप से भोजन कैसे मिल पाता और वे कब तक जिंदा रह पाते? तो, प्रकृति ने हमारे पूर्वजों को 'एंडोर्फिन' के रूप में विशेष प्रकार का प्रोत्साहन पुरस्कार दिया था, ताकि वे अपने अस्तित्व की रक्षा और अपनी संतति के विकास के लिए भोजन जुटाने के अपने काम में लगातार उत्साहित बने रहें।

लेकिन ध्यान देने की बात यह है कि हमारे पूर्वज सिर्फ इसीलिए शिकार पर नहीं जाते थे कि अपने व अपने समुदाय के लिए नियमित तौर पर भोजन जुटाना उनकी मजबूरी थी, बल्कि कठिन परिश्रम करना उन्हें अच्छा लगता था। ठीक उसी तरह, जैसे दिन भर तनावपूर्ण काम के बाद हम व्यायामशाला में कसरत कर अपने शरीर को सुस्ताने का मौका देते हैं। यदि आपको कसरत के आनंद की आदत पड़ जाती है तो आप उसके लिए तरसने लग जाते हैं; क्योंकि तब तक प्राकृतिक नशा 'एंडोर्फिन' आपको अपनी गिरफ्त में ले चुका होता है। चूँकि आज के युग में भोजन खोजने के लिए ज्यादा मेहनत की जरूरत नहीं पड़ती, इसलिए हमारा शरीर इस काम के लिए हमें 'एंडोर्फिन' का पुरस्कार नहीं देता। फिर भी, हम कसरत जैसी शारीरिक मेहनत से 'एंडोर्फिन' का पुरस्कार हासिल कर सकते हैं।

क्या आपने कभी सोचा है कि हम ठहाका क्यों लगाते हैं और इस काम में हमें क्यों आनंद मिलता है? इसका उत्तर आपको जगजीत सिंह की लोकप्रिय गजल की इन पंक्तियों में मिल सकता है—'तुम इतना जो मुसकरा रहे हो; क्या गम है जिसको छुपा रहे हो।' जी हाँ, हम इसीलिए जोर-जोर से हँसते हैं कि हम अपने शारीरिक दर्द या मानसिक

तनाव को छुपाने की कोशिश करते हैं। चूँकि हँसते समय हमारा शरीर 'एंडोर्फिन' छोड़ता है और उसके नशे में हम अपने मस्तिष्क एवं शरीर के अन्य अंगों की ऐंठन को महसूस नहीं करते हैं।

'डोपामाइन' दूसरा महत्त्वपूर्ण रसायन है, जिसे प्रकृति ने हमें हमारे विकास के लिए महत्त्वपूर्ण कार्य करने के पुरस्कार के रूप में प्रदान किया है। जब हम किसी जरूरी काम, महत्त्वपूर्ण परियोजना या बड़े लक्ष्य को पूरा करते हैं, तब मस्तिष्क व तंत्रिका तंत्र के भीतर मौजूद 'डोपामाइन' हार्मोन समूह का स्राव शुरू हो जाता है, जो हमें 'संतोष' का अनुभव प्रदान करता है। हम बखूबी जानते हैं कि जब हम जरूरी कार्यों को पूरा करते हैं तो हमें विकास या उपलब्धि का एहसास होता है और यह सबकुछ 'डोपामाइन' के कारण होता है। लेकिन, क्या आपने सोचा है कि प्रकृति ने मानव को इस रसायन का उपहार क्यों दिया है?

गौर कीजिए, जब कृषि का विकास नहीं हुआ था, तब मानव जाति को अपने अगले भोजन के लिए कितनी चिंता करनी पड़ती होगी। यदि मानव समूह ने शिकार करने तथा भोजन जुटाने के काम में लगातार अपना ध्यान केंद्रित नहीं रखा होता तो उसका भविष्य क्या होता? उसका अस्तित्व कब का नष्ट हो चुका होता, मानव सभ्यता का विकास न हुआ होता और तब हमारा भी कोई निशान न होता। प्रकृति ने इस काम के लिए बहुत ही चतुर व्यवस्था की थी। क्या आपने कभी सोचा है कि हमें भोजन करना क्यों अच्छा लगता है? क्योंकि हम भोजन से ही 'डोपामाइन' प्राप्त करते हैं। और, चूँकि हमें भोजन करना अच्छा लगता है, इसलिए हम भोजन जुटाने के कार्य को बार-बार तथा लगातार दोहराते हैं। यह 'डोपामाइन' ही है, जिसने मानव को विकास के पूर्वग्रह के साथ 'लक्ष्य-उन्मुखी' (गोल ओरिएंटेड) प्रजाति बनाया है।

यही कारण है, जब हमें कोई अनजान लक्ष्य दिया जाता है तो

हमारे मस्तिष्क व तंत्रिका तंत्र में 'डोपामाइन' की छोटी खुराक का स्राव होता है और हम अपनी दूरदृष्टि से उस लक्ष्य की कल्पना करने लगते हैं। जब पहली खुराक का असर खत्म होने लगता है तो फिर 'डोपामाइन' की दूसरी छोटी खुराक का स्राव होता है और हम उस लक्ष्य की दिशा में आगे बढ़ने लगते हैं। और यह सिलसिला तब तक चलता रहता है, जब तक कि हम उस लक्ष्य को प्राप्त नहीं कर लेते। कल्पना कीजिए, पाषाण युग में जब हमारे पूर्वजों में से किसी ने पहली बार फल से लदा पेड़ देखा होगा तो क्या हुआ होगा? 'डोपामाइन' की पहली खुराक का स्राव हुआ होगा, जिसने उसे पेड़ की दिशा में बढ़ने के लिए प्रेरित किया होगा। जब वह कुछ और आगे बढ़ा होगा तो उसे फल पहले के मुकाबले ज्यादा बड़ा दिखाई दिया होगा। 'डोपामाइन' की दूसरी खुराक ने उसे अपनी तरक्की का एहसास कराया होगा और वह आगे बढ़ा होगा। यह सिलसिला तब तक चला होगा, जब तक कि उसने फल को चख नहीं लिया होगा। साफ है कि 'डोपामाइन' की बदौलत ही मनुष्य ने कोशिशों का सिलसिला जारी रखा था और उन्हें नई-नई उपलब्धियाँ हासिल होती चली गई थीं। और हम आज के आधुनिक युग तक पहुँचने के बाद भी ऐसी कोशिशों का सिलसिला कायम रखे हुए हैं।

मानव के विकास का यह सिलसिला दौड़ प्रतियोगिताओं की तरह ही है। हरेक मील-पत्थर को पार करने के बाद धावक को उसका शरीर 'डोपामाइन' की खुराक प्रदान करता है और वह दौड़ना जारी रखता है; अगला मील पत्थर पार करने के बाद उसे 'डोपामाइन' की दूसरी बड़ी खुराक मिलती है और वह 'डोपामाइन' की उससे भी बड़ी खुराक के लिए तब तक दौड़ता चला जाता है, जब तक कि अंतिम उपलब्धि के रूप में उसे 'डोपामाइन' का पूरा घड़ा ही नहीं मिल जाता। साफ है, हमारा लक्ष्य जितना बड़ा होता जाता है, हमें उतनी ही ज्यादा कोशिश

करनी पड़ती है और उसके लिए हमारा शरीर जरूरी बड़ी मात्रा में ही 'डोपामाइन' छोड़ता रहता है, ताकि हम बड़ी उपलब्धियों का सिलसिला जारी रख सकें। इस तरह, यदि लक्ष्य छोटा है तो पुरस्कार के रूप में 'डोपामाइन' की छोटी खुराक ही मिलेगी और जब हम कोई काम नहीं करेंगे, यानी विकास की दिशा में कोशिश नहीं करेंगे तो 'डोपामाइन' निकलेगा ही नहीं। मतलब, कुछ नहीं करने पर ही हमें कोई जीव-वैज्ञानिक प्रोत्साहन नहीं मिलेगा।

सावधान! हमारा लक्ष्य वास्तविक होना चाहिए। हम बहुत ही दृश्योन्मुख (विजुअली ओरिएंटेड) प्राणी हैं। हम अपने लक्ष्य को जितनी स्पष्टता के साथ देख पाते हैं, हमारे मस्तिष्क व तंत्रिका-तंत्र में उतनी ही अधिक मात्रा में 'डोपामाइन' का स्राव होता है और हम उस लक्ष्य की उपलब्धि के लिए उतने ही अधिक उत्साह से आगे बढ़ते हैं। इस तरह, हम अच्छा भोजन करते हैं और वास्तविक व सकारात्मक विकास की दिशा में आगे बढ़ते जाते हैं। लेकिन, जब लक्ष्य अस्पष्ट होता है तो 'डोपामाइन' नशे की लत जैसा नकारात्मक प्रभाव भी पैदा करता है। फिर हम विकास की दिशा में नहीं, बल्कि विनाश की दिशा में बढ़ने में भी खुद को उत्साहित महसूस करने लगते हैं। ध्यान रहे कि कोकीन, निकोटीन, शराब व जुआ भी 'डोपामाइन' पैदा करते हैं और उनका अनुभव बहुत ही नशीला व लत पैदा करनेवाला होता है। फिर, हम और भी ज्यादा नकारात्मक कार्यों के लिए उत्साहित होते जाते हैं और उन सभी कार्यों में भी हमें व्यक्तिगत तौर पर अच्छा ही महसूस होता है। यह सब 'डोपामाइन' का ही खेल होता है। हम ज्यों-ज्यों इन नकारात्मक उपलब्धियों को हासिल करते जाते हैं, हमें 'डोपामाइन' की लगातार बड़ी खुराक मिलती रहती है और हम ज्यादा खतरनाक विकास की दिशा में आगे बढ़ते जाते हैं।

हाँ, इस सूची में एक चीज और भी है, जिसने हाल के समय में

हमारे शरीर की 'डोपामाइन पुरस्कार प्रणाली' पर डाका डालना शुरू कर दिया है और वह है—सामाजिक संजालीकरण (सोशल नेटवर्किंग) । हम फेसबुक पर 'लाइक', ट्विटर, इंस्टाग्राम आदि पाठ संदेशों में आदि के पीछे दीवाने-से हो गए हैं। हम जानते हैं कि इन गतिविधियों में हम यूँ ही अपना समय बरबाद कर रहे हैं, फिर भी हम इसके बिना रहना नहीं चाहते। हममें से बहुत से लोगों ने सामाजिक संजालीकरण गतिविधियों को अपना मानसिक हिस्सा ही बना लिया है और हर समय अपने स्मार्ट फोन को अपने हाथ में लिये रहते हैं, ताकि कोई जरूरी संवाद पढ़ने में देर न हो जाए। इतना ही नहीं, जब हम सुबह सोकर उठते हैं तो मुँह-हाथ धोने या चाय पीने से भी पहले अपना स्मार्ट फोन देखते हैं कि कहीं कोई जरूरी इ-मेल या कोई संवाद तो नहीं आ गया। इसका मतलब यही है कि हम सामाजिक संजालीकरण जनसंचार माध्यम यानी सोशल मीडिया के नशेड़ी हो चुके हैं और यह सब 'डोपामाइन' का ही कमाल है।

इतना ही नहीं, प्रदर्शन-प्रेरित (परफॉरमेंस ड्रिवेन) संगठनों ने अपने कर्मचारियों को 'डोपामाइन पुरस्कार प्रणाली' के जरिए लगभग पागल-सा बना रखा है। संगठनों के कर्मचारियों में लक्ष्य हासिल करने की मानो होड़-सी मची रहती है। क्योंकि उनके सामने 'डोपामाइन' की आकर्षक खुराक पेश की जाती है—लक्ष्य हासिल करो, पैसा बटोरो! बिल्कुल जुआ की तरह, अधिकांश पेशेवर 'अंकों' के पीछे भागते रहते हैं। अब सवाल यह है कि क्या हमारे ये आधुनिक व्यसन निर्दोष हैं या इनके अनचाहे दुष्प्रभाव भी हैं, जो हमें नुकसान पहुँचा रहे हैं? इसके अलावा, यह भी 'डोपामाइन' का ही प्रभाव है कि हम आज के आधुनिक युग में खरीदारी या चीजों का संग्रह जैसे शौक भी पालने लगे हैं, जिनका कोई तर्कसंगत लाभ नजर नहीं आता। असल में, हम इस तरह के शौक में आनंद लेते हैं, क्योंकि ये पूर्वजों से चली

आई हमारी पाषाण-कालीन भोजन ढूँढ़ने की इच्छाओं को संतुष्ट करते हैं। ये हमें भले ही अच्छा लगें, लेकिन यदि हम इन गतिविधियों को नियंत्रित नहीं रख पा रहे हैं तो तय मानिए कि आप डोपामाइन व्यसन के शिकार बन चुके हैं।

फिलहाल अभी तक विश्लेषण से यह पता चलता है कि प्रकृति द्वारा जीव-वैज्ञानिक रूप से प्रदान किए गए दो तथाकथित स्वार्थी रसायन एंडोर्फिन व डोपामाइन एक साथ मिलकर हमारे अस्तित्व की रक्षा को सुनिश्चित करते हैं। भोजन जुटाने व आश्रय का निर्माण करने में एंडोर्फिन हमारी मदद करता है तो डोपामाइन हमें इन कामों को पूरा करने और उसे आगे भी जारी रखने के लिए उत्साहित करता है। यही कारण है कि हम अपनी नौकरी को अपने अस्तित्व की रक्षा की जरूरत बताते हैं और एंडोर्फिन हमें उकसाता है कि नौकरी के लिए लगातार प्रयास करें। फिर, जब हम कुछ हासिल कर लेते हैं तो हमें 'डोपामाइन' की खुराक मिलती है और हम अपनी उपलब्धि को लगातार दोहराते जाने के लिए प्रेरित होते हैं। लेकिन सबकुछ हम अकेले ही नहीं कर सकते, विशेष रूप से कुछ बड़ी चीजें। इसके लिए हमें दूसरे से मदद लेनी पड़ती है और दूसरे को सहयोग भी करना पड़ता है। पूर्णता, खुशी व वफादारी जैसे टिकाऊ एहसासों के लिए हमें दूसरे के साथ रिश्ते बनाने तथा बचनबद्ध होने की जरूरत पड़ती है। शुक्र यह है कि इस काम में मदद के लिए प्रकृति ने हमें सेरोटोनिन व ऑक्सीटॉक्सिन नामक दो निस्स्वार्थी रसायनों से पुरस्कृत किया है, वरना हम मनुष्य भी मनुष्य जैसे न होकर खूँखार जानवरों जैसे निर्मम हो जाते।

निस्स्वार्थी रसायन : सेरोटोनिन व ऑक्सीटॉक्सिन

सरीसृप (रेप्टाइल), मछली (फिश) व उभयचर (एंफिबियन) वर्ग के ठंडे खूनवाले जानवरों (कोल्ड ब्लडेड एनिमल) में सकारात्मक भावनाएँ नहीं होतीं, क्योंकि वे न दूसरों से मदद लेते हैं और न ही

दूसरों को सहयोग करते हैं। यही कारण है कि प्रकृति ने उन्हें सहयोग की पुरस्कार योजना से भी वंचित रखा है। प्रकृति ने उनकी जीव-वैज्ञानिक संरचना ही ऐसी बनाई है कि वे बिल्कुल अकेले ही रहते हैं। वे जो भी करते हैं, अपनी सहज प्रवृत्ति (इंस्टिंक्ट) से ही करते हैं। उनकी सहज प्रवृत्ति ही उनके काम आती है। उदाहरण के लिए, एक शिकार को देखकर जब मगरमच्छ उसकी तरफ बढ़ते हैं तो कोई किसी की चिंता नहीं करता और वे एक-दूसरे के सहयोग से एकजुट होकर शिकार नहीं करते। वे अकेले ही आगे बढ़ते हैं। जो ज्यादा तेज व शक्तिशाली होता है, वही शिकार पर कब्जा करता है और दूसरे की चिंता किए बगैर अपना पेट भरकर अपनी दिशा में चला जाता है।

लेकिन स्तनधारी (मैमल) व पक्षी (बर्ड) वर्ग के गरम खूनवाले जानवरों (हॉट ब्लडेड एनिमल) ऐसे नहीं होते। उनमें थोड़ी-बहुत सकारात्मक भावनाएँ होती हैं। वे दूसरों से मदद भी लेते हैं और दूसरों का सहयोग भी करते हैं। लेकिन मनुष्य सहित अन्य सभी गरम खूनवाले जानवर भी अपनी सहज प्रवृत्ति से ही काम करते हैं। साथ ही, उन सभी में भी कम-अधिक मात्रा में सरीसृप वर्ग की सहज आदिम प्रवृत्तियाँ मौजूद हैं। चूँकि मनुष्य गरम खूनवाला सबसे विकसित जानवर है, इसलिए उसमें सहज आदिम खूँखार प्रवृत्तियाँ सबसे कम रह गई हैं। यही कारण है कि तमाम स्वार्थी प्रवृत्तियों के बावजूद मनुष्य ठंडे खूनवाले जानवरों की तरह न तो निर्मम हो सकता है और न ही बिल्कुल अकेले जी सकता है। असल में, मनुष्य के मस्तिष्क में गरम खूनवाले स्तनधारियों की सहज प्रवृत्तियाँ अधिक हैं, जो उसे सबसे अधिक कार्यशील जानवर बनाती हैं।

लेकिन मनुष्य की व्यापक कार्यशीलता भी बेवजह नहीं है। उसने मनुष्य समूह में रहना और एक-दूसरे के साथ रहना नहीं सीखा होता तो वह कब का मिट गया होता। मनुष्य की त्वचा अन्य जानवरों की

तरह मोटी व परतदार नहीं है कि वह दूसरे जानवरों का आक्रमण झेल सके। मनुष्य के पास अन्य खूँखार जानवरों की तरह नुकीले व मजबूत दाँत भी नहीं हैं कि वह दूसरों को काटकर अपना बचाव कर सके। साफ है कि हम मनुष्य प्रजाति के जानवर शारीरिक रूप से उतने मजबूत थे ही नहीं कि अकेले जीवित रह पाते और अपनी संतति का विकास कर पाते। चाहे हम इस तथ्य को नजरअंदाज करने की कोशिश करें, लेकिन हकीकत तो यही है कि हमें एक-दूसरे की जरूरत है। और, हमारी इसी जरूरत को पूरा करने के लिए प्रकृति ने सेरोटोनिन व ऑक्सीटॉक्सिन नामक दो निस्स्वार्थी रसायनों से पुरस्कृत किया है, वरना हम मनुष्य के रूप में विकसित ही नहीं हो पाते; फिर हमारी भी स्थिति खूँखार जानवरों जैसी ही होती और हम एक-दूसरे के साथ निर्मम व्यवहार करते होते।

हमारे मस्तिष्क व तंत्रिका तंत्र में मौजूद सेरोटोनिन व ऑक्सीटॉक्सिन ही वे रसायन हैं, जो हमें समाज-समर्थक व्यवहार के लिए उत्साहित करते हैं। ये रसायन हमें एक-दूसरे के साथ विश्वास व मित्रतापूर्ण संबंध बनाने में मदद करते हैं, ताकि हम अपने समूह या समुदाय की देखभाल व रक्षा कर सकें। इन्हीं दो रसायनों की बदौलत समाज व सभ्यताओं का विकास संभव हो सका है। और ये ही वे रसायन हैं, जिनके कारण हम बड़ी उपलब्धियों को हासिल करने के लिए एक-दूसरे को साथ लेकर एकजुट सामूहिक प्रयास करते हैं। तो, यह हमारे अस्तित्व व विकास की जरूरत भी है और हमारी रासायनिक मजबूरी भी कि हम एक-दूसरे की मदद करें और एक-दूसरे का सहयोग हासिल करें। यही तो सामूहिक-सामुदायिक-सामाजिक कार्य-भावना है।

जब हम एक-दूसरे का सहयोग या देखभाल करते हैं तो हमारे मस्तिष्क व तंत्रिका तंत्र में सेरोटोनिन व ऑक्सीटॉक्सिन का स्राव

होता है, जो हमें सुरक्षा, परिपूर्णता, अपनेपन, विश्वास व सौहार्द की भावनाओं का अनुभव कराते हैं। ये ही वे रसायन हैं, जो हमें एक-दूसरे के प्रति ऐसी सहानुभूति से भर देते हैं कि हम एक-दूसरे के लिए अपनी जान भी जोखिम में डाल देने से नहीं घबराते। और, हम ऐसा इसीलिए कर पाते हैं कि हमें पता होता है कि दूसरे भी हमारे साथ वैसा ही करने से नहीं चूकेंगे। इस तरह, जब हम खुद को सामूहिक सुरक्षा-चक्र के भीतर पाते हैं तो तनाव कम हो जाता है, परिपूर्णता की भावना ऊँची हो जाती है, दूसरों की मदद व सहयोग करने की चाहत तीव्र हो जाती है और अपनी सुरक्षा के लिए दूसरों पर भरोसा करने की इच्छा सातवें आसमान पर पहुँच जाती है। और जो नेतृत्वकर्ता अपने कार्य-स्थल में यह वातावरण कायम करने में सफल होता है, वह कर्मचारियों का प्रेरणा-स्रोत बन जाता है और उनसे बड़े-बड़े काम करवाने में सफल होता है। लेकिन, जब इन सामाजिक प्रोत्साहनों से वंचित रखा जाता है तो हम ज्यादा स्वार्थी व ज्यादा आक्रामक हो जाते हैं, नेतृत्वकर्ता का प्रभाव खत्म हो जाता है और वह अपने लोगों से छोटे-से-छोटा काम भी करवा पाने में अक्षम साबित होता है।

असल में, सेरोटोनिन व ऑक्सीटॉक्सिन हमारे सामाजिक यंत्र (सोशल मशीन) में चिकनाई (ग्रीज) का काम करते हैं। और जब इन रसायनों की मात्रा घटती है, सामाजिक यंत्र के कल-पुरजे घिसने लगते हैं। साफ है कि जब नेतृत्वकर्ता अपने कार्य-स्थल में असुरक्षा का माहौल बनाते हैं, वहाँ पर कार्यरत कर्मचारियों में सेरोटोनिन व ऑक्सीटॉक्सिन रसायनों का स्राव नहीं होता है। फिर, कर्मचारियों की सामूहिक कार्य-भावना नष्ट हो जाती है; अस्वस्थ प्रतिद्वंद्विता को फलने-फूलने का मौका मिलता है; कार्यस्थल आपसी संघर्ष का अखाड़ा बन जाता है और फिर, कर्मचारियों के साथ-साथ नेतृत्वकर्ता व संगठन का भविष्य भी चौपट हो जाने की दिशा में तेजी से बढ़ने लगता है।

ध्यान रहे कि किसी संगठन की कार्य-संस्कृति ही उसकी सबसे बड़ी ताकत होती है, न कि उसका आकार या संसाधन। इसी ताकत के दम पर संगठन समय की जरूरतों के मुताबिक खुद को ढाल पाता है, विपरीत परिस्थितियों को काबू करता है और नए नवाचारों का अग्रदूत बन पाता है। जब कार्य-परिस्थितियाँ अनुकूल होती हैं; जब कार्य-स्थल में मजबूत सुरक्षा-चक्र कायम रहता है और सभी उसके अंदर खुद को सुरक्षित महसूस कर पाते हैं, तभी कर्मचारीगण अपना अधिकतम कार्य-प्रदर्शन कर पाते हैं। जी हाँ, मनुष्य वही कर पाता है, जिसके लिए उसकी जीव-वैज्ञानिक संरचना की गई है। यदि नेतृत्वकर्ता अपने मातहत कर्मचारियों के साथ मनुष्य जैसा व्यवहार करता है तो वह अपनी स्वाभाविक संरचना के मुताबिक कार्य कर पाता है, यानी सेरोटोनिन व ऑक्सीटॉक्सिन के पुरस्कार की बदौलत एक-दूसरे को एकजुट कर आश्चर्यकारी परिणाम देता है।

सेरोटोनिन : सामाजिक प्राणी होने के नाते हम अपने समुदाय के लोगों के अनुमोदन से भी ज्यादा कुछ चाहते हैं और इससे हमें इसकी आवश्यकता भी होती है। जब हम अपने समूह में अन्य लोगों के लिए या फिर अपने पूरे समूह के लिए कुछ अच्छा करते हैं तो हम उन प्रयासों के लिए खुद मूल्यवान् भी महसूस करना चाहते हैं। यदि हम इस भावना को अकेले ही महसूस कर पाते तो हमें पुरस्कार समारोहों, कर्मचारी मान्यता कार्यक्रमों, प्रमाण-पत्र वितरण समारोहों आदि की जरूरत ही न होती। और फिर, फेसबुक पर पसंद (लाइक) करनेवालों की संख्या, यू ट्यूब पर दर्शकों की संख्या तथा ट्विटर पर अनुयायियों की संख्या एवं उनके नामों को प्रदर्शित करने की भी जरूरत नहीं पड़ती। असल में, हम महसूस करना चाहते हैं कि हम व हमारे द्वारा किए गए काम को दूसरे लोगों का, विशेष रूप से अपने समूह के लोगों का महत्त्व मिले।

और, यह सब हमारे रक्त बिंबाणु (ब्लड प्लेटलेट्स) व रक्तोद (सीरम) में मौजूद सेरोटोनिन नामक रासायनिक यौगिक के कारण होता है। यह हमारी रक्त वाहिकाओं (ब्लड वेसल्स) में संकुचन पैदा करता है और तंत्रिका संचारक (न्यूरोट्रांसमीटर) के रूप में कार्य करता है। जब कोई छात्र मंच पर खड़े होकर अपना प्रमाण-पत्र ग्रहण करता है, जब खिलाड़ी अपना पुरस्कार ग्रहण करता है; जब किसी कलाकार, समाज-सेवी, वैज्ञानिक को सम्मानित किया जाता है, तब उनकी नसों में सेरोटोनिन तेजी से दौड़ने लगता है और वे स्वयं व स्वयं के कार्य पर गर्व का अनुभव करते हैं। उन सभी के चेहरों पर गर्व के उस भाव को भी आसानी से पढ़ा जा सकता है। यदि हम उन लोगों के नजदीकी हैं और समारोह में मौजूद हैं तो हमारे शरीर में भी सेरोटोनिन का प्रवाह बढ़ जाता है और हम भी गर्व महसूस करने लगते हैं। क्यों? क्योंकि यह सेरोटोनिन ही है, जो माता-पिता व बच्चों, शिक्षक व छात्रों एवं प्रशिक्षक तथा खिलाड़ियों, अधिकारी व कर्मचारियों के बीच में बंधन को मजबूत बनाता है।

ध्यान दीजिए, जब कोई पुरस्कार ग्रहण करता है तो वह सबसे पहले किन लोगों को धन्यवाद देता है? उन लोगों का जिनकी मदद, सहयोग व सुरक्षा के बिना उसके लिए वह उपलब्धि हासिल कर पाना संभव न हुआ होता। वे उसके माता-पिता या प्रशिक्षक या अधिकारी या भगवान् भी हो सकते हैं। और जब सेरोटोनिन के कारण दूसरे लोग हमें मदद, सहयोग व सुरक्षा प्रदान करते हैं तो हम उनके प्रति उत्तरदायित्व की भावना भी महसूस करते हैं। तो सेरोटोनिन हमारी भावनाओं को नियंत्रित करता है। जब दूसरे हमारी मदद के लिए अपना समय व ऊर्जा लगाते हैं तो हम उनके प्रति उत्तरदायित्व का भार महसूस करते हैं। इसीलिए हम उनका आभार प्रकट करते हैं और जताते हैं कि उन्होंने जो बलिदान दिया था, उनका भी मूल्य है। हम उन्हें कभी भी नीचा

नहीं दिखाते, बल्कि उन्हें गौरव प्रदान करते हैं। और, जब हम दूसरों की मदद करते हैं, तब भी हम बराबर उत्तरदायित्व का भार महसूस करते हैं। हम चाहते हैं कि दूसरे लोग भी सही कदम बढ़ाएँ, ताकि वे जो करना चाहते हैं, उसे पूरा कर सकें।

यह सेरोटोनिन के असर का नतीजा है कि हम अंकों के प्रति नहीं, बल्कि लोगों के प्रति उत्तरदायित्व की भावना महसूस करते हैं। यही कारण है कि धावक दर्शकों की अनुपस्थिति में मील-रेखाओं को पार करता हुआ वैसा नहीं महसूस करता जैसा कि वह फीता को तोड़ता हुआ महसूस करता है, जब दर्शक तालियाँ बजाते हुए जयकारा लगा रहे होते हैं। ध्यान देने की बात है कि दोनों ही स्थितियों में, चाहे वह मील-रेखाओं को पार करे या फिर फीता को तोड़े, धावक की उपलब्धि एक जैसी होती है, एक जैसा समय लगता है और बहुत हद तक एक जैसी ही कोशिश भी करनी पड़ती है। अंतर सिर्फ इतना है कि मील-रेखाओं को पार करता हुआ धावक सिर्फ अंकों की उपलब्धियाँ हासिल कर रहा होता है, जबकि फीता तोड़ते समय उसकी उपलब्धि की गवाही के लिए वाहवाही करते हुए लोग मौजूद होते हैं। तो, धावक एक के बाद दूसरी मील-रेखा को पार करता हुआ अंतिम लक्ष्य की ओर इसलिए भी लगातार दौड़ता चला जाता है कि उसे पता होता है कि वहाँ पर उसके नजदीकी व प्रशंसक उसका इंतजार कर रहे हैं। वह धावक बखूबी जानता है कि उसके नजदीकी व प्रशंसक उसकी उपलब्धि की एक झलक पाने के लिए, उसकी खुशी के मौके पर मौजूद रहने लिए और उसे अपने काम में उत्साहित बनाए रखने के लिए ही अपना कितना समय, धन व ऊर्जा खर्च कर वहाँ मौजूद हुए हैं। साथ ही, वे नजदीकी व प्रशंसक भी उस धावक के लिए इतना कुछ इसलिए कर रहे होते हैं कि उन्हें भी उस धावक की उपलब्धि में अपनी उपलब्धि नजर आती है। और, यह सब सेरोटोनिन के कारण होता है।

साफ है कि हम दूसरों को सफल बनाने के लिए जितना अधिक योगदान करते हैं, अपने समूह में हमारी कीमत भी उतनी बढ़ जाती है और उनके द्वारा हमें ज्यादा सम्मान मिलता है। जब हम ज्यादा आदर व मान्यता प्राप्त करते हैं तो समूह में हमारी हैसियत भी बढ़ती है। और हमारी हैसियत जितनी बढ़ती है, सेरोटोनिन की उतनी ही बड़ी खुराक हमारे रक्त-संचार को बढ़ा देता है और हम पहले से भी ज्यादा उत्साह के साथ दूसरों को सफल बनाने की कोशिशों में जुट जाते हैं। जी हाँ, प्रकृति ने हमारी जीव-वैज्ञानिक संरचना ही इस प्रकार से की है कि हम दूसरों की सफलता में योगदान करें और गौरव व मान-सम्मान हासिल करें।

चाहे हम माता-पिता हों या शिक्षक, प्रशिक्षक या अधिकारी, हम सभी के रक्त बिंबाणु व रक्तोद में मौजूद सेरोटोनिन हमें उनके लिए काम करने के लिए उत्साहित करता है, जिनके लिए हम सीधे तौर पर उत्तरदायी होते हैं। और, यदि हम संतान हैं या छात्र या खिलाड़ी अथवा कर्मचारी—हम सभी में मौजूद सेरोटोनिन हमें उन्हें गौरवान्वित महसूस कराने लिए कठिन परिश्रम करने के लिए उत्साहित करता है, जिनके द्वारा हमारी देखभाल की जा रही होती है। तो, किसी समूह में जो व्यक्ति दूसरों की सफलता के लिए सबसे अधिक करता है, उसी को वह समूह अपना नेतृत्वकर्ता स्वीकार करता है। जी हाँ, सेरोटोनिन हमारे सामाजिक लेन-देन की सहज व्यावहारिक प्रक्रिया को संचालित करता है।

ऑक्सीटॉक्सिन : यह मनुष्य प्रजाति का सबसे पसंदीदा रसायन है। यह मस्तिष्क के आधार से जुड़ी मटर के आकार की पीयूषिका ग्रंथि (पिट्यूटरी ग्लैंड) द्वारा स्राव किया जानेवाला नियामक रसायन (हार्मोन) है। इसका जीव-वैज्ञानिक कार्य प्रसव के दौरान गर्भाशय संकुचन को बढ़ाना और स्तनों की नलिकाओं में दूध के उत्सर्जन को

उत्तेजित करना है। लेकिन इस रसायन का मनोवैज्ञानिक कार्य है हममें मित्रता, प्रेम व गहरा विश्वास पैदा करना। यह भावना तब पैदा होती है, जब हम अपने सबसे नजदीकी मित्रों या विश्वासी सहकर्मियों के साथ होते हैं। यही भावना तब भी महसूस होती है, जब हम दूसरों के लिए कुछ अच्छा करते हैं या फिर दूसरे हमारे लिए कुछ अच्छा करते हैं। लेकिन, प्रकृति ने ऑक्सीटॉक्सिन का पुरस्कार सिर्फ हमें खुश रहने के लिए ही नहीं दिया है। यही हमारी अपने अस्तित्व की रक्षा करने की सहज प्रवृत्ति का सबसे महत्त्वपूर्ण कारण है।

बिना ऑक्सीटॉक्सिन के हममें उदारता की भावना ही नहीं पैदा होती; हम दूसरों के लिए कोई भी काम करने को इच्छुक ही नहीं हो पाते और दूसरों के लिए हममें सहानुभूति भी नहीं होती। फिर हम दूसरों के साथ मित्रता का मजबूत बंधन कैसे विकसित कर पाते और दूसरों के प्रति इतना गहरा विश्वास कैसे कर पाते कि वह हमारी सुरक्षा करेगा? और, यदि हम यह सब नहीं कर पाते तो फिर अपनी संतति को आगे बढ़ाने के लिए कोई साथी ही नहीं ढूँढ़ पाते। जी हाँ, यह ऑक्सीटॉक्सिन का ही कमाल है कि हम अपना जीवन साथी चुन पाते हैं, उससे अटूट प्यार कर पाते हैं और फिर इतना अटूट विश्वास भी कर पाते हैं कि अपनी संतति को आगे बढ़ाने की पूरी जिम्मेदारी ही उसी को सौंप देते हैं। इतना ही नहीं, ऑक्सीटॉक्सिन के कारण ही हम दूसरों पर भरोसा कर अपने कारोबार का निर्माण व विकास कर पाते हैं। यदि प्रकृति ने हमें ऑक्सीटॉक्सिन का वरदान न दिया होता तो हम किसी प्रकार का कोई भी मानवीय संबंध ही नहीं बना पाते और सामाजिक प्राणी होने का अद्‍भुत सौभाग्य भी हमें प्राप्त नहीं हो पाता!

यह तो साबित हो चुका है कि मानव प्रजाति तभी कुछ बड़ा हासिल कर पाती है, जब वह समूह में कार्य करे और इसके लिए दूसरों पर भरोसा करना भी बेहद जरूरी होता है। लेकिन, रोचक तथ्य

यह भी है कि दूसरों पर भरोसा करने के लिए हमें सहज ज्ञान भी तो होना चाहिए। एक समूह में किसी भी व्यक्ति को यह सुनिश्चित करने के लिए कि वह सुरक्षित है, निरंतर सतर्कता बनाए रखने की जरूरत नहीं होती है। यदि हम ऐसे लोगों के बीच, जिन पर हम भरोसा करते हैं और जो हम पर भरोसा करते हैं, तो सुरक्षा सुनिश्चित करने का उत्तरदायित्व किसी एक व्यक्ति पर नहीं बल्कि समूचे समूह पर होता है। हम निश्चिंत होकर कब सो सकते हैं, जब हमें भरोसा होता है कि हमारी सुरक्षा के लिए कोई और जगा हुआ है। तो, ऑक्सीटॉक्सिन क्या करता है ? जी हाँ, यही वह रसायन है, जो सीधे तौर पर हमारी मदद करता है कि हम किस हद तक अपने आप को कमजोर बनाना बरदाश्त कर सकते हैं। हम ऑक्सीटॉक्सिन को सामाजिक दिशा-सूचक (सोशल कंपास) भी कह सकते हैं। यह हमारे सहज ज्ञान को दिशा दिखाता है कि हम दूसरे से खुलकर कितना सुरक्षित रह सकते हैं और कब हमें खुद को अपने ही खोल में बंद रखना चाहिए।

ध्यान रहे कि स्वार्थी रसायन डोपामाइन हमें त्वरित व तात्कालिक संतुष्टि देता है, लेकिन ऑक्सीटॉक्सिन दीर्घकालीन संतुष्टि प्रदान करता है। हम किसी के साथ जितना अधिक समय गुजारते हैं, उस पर हमारी निर्भरता उतनी ही बढ़ती जाती है, यानी हम खुद को शारीरिक व मानसिक रूप से उतना ही कमजोर बनाते जाते हैं। क्योंकि, हम उस पर भरोसा करना सीख जाते हैं और बदले में उसका भरोसा भी हासिल कर लेते हैं। और एक-दूसरे पर हमारी निर्भरता जितनी बढ़ती है, दोनों ही व्यक्ति विशेषों में ऑक्सीटॉक्सिन का स्राव उतना ही तेज होता है। यह जादू जैसा असर करता है। एक साथ रहते-रहते दो लोग एक-दूसरे पर परस्पर इतना भरोसा करने लगते हैं और एक-दूसरे का इतना भरोसा हासिल करने लगते हैं कि उनके बीच एक गहरा बंधन कायम हो जाता है। ऑक्सीटॉक्सिन की लगातार बड़ी खुराक मिलने

से दो व्यक्तियों के बीच जो पागलपन, उत्साह व स्वाभाविकता का बंधन कायम होता है, वह ज्यादा आरामदेह, ज्यादा टिकाऊ, ज्यादा स्थायी बंधन होता है।

यही नियम तो कार्य-स्थल में भी लागू होता है। जब हम नई नौकरी पर जाते हैं तो हम भी बहुत उत्साहित होते हैं; समूह में काम करनेवाले दूसरे लोग भी उत्साहित दिखते हैं; और सबकुछ बिल्कुल ठीक-ठाक लगता है। लेकिन यह तात्कालिक उत्साह काफी नहीं है। दूसरों पर भरोसा करने के लिए और दूसरों का भरोसा जीतने के लिए काफी ऊर्जा की जरूरत होती है। फिर, दूसरों पर इतना भरोसा कर पाते हैं कि वह हमारी सुरक्षा करेगा और आगे बढ़ने में मदद करे। अंत में, हम खुद को किसी कार्य-समूह का अभिन्न हिस्सा मान पाते हैं। तो चाहे वह व्यक्तिगत संबंध हो या पेशेवर, आपसी संबंध कायम करने का नियम एक ही होता है और ऑक्सीटॉक्सिन दोनों ही मामलों में ईमानदारी से काम करता है। जरा सोचिए, यदि यह रसायन नहीं होता तो हममें जीन की स्वाभाविक इच्छा भी होती?

यही तो है सामाजिक या सामूहिक कार्य या मानव संबंधों का रसायन-शास्त्र। जब तक हम मानव रसायन-शास्त्र की स्वाभाविकता को नहीं समझते हैं और सहज मानवीय संबंध नहीं बनाते हैं, तब तक हम न तो पारिवारिक कार्य-भावना का विकास कर सकते हैं और न ही सामाजिक या सामूहिक कार्य-भावना का। तो हमारी व्यक्तिगत सफलता का रहस्य सामूहिक कार्य यानी मानव संबंधों के रसायन-शास्त्र में ही छुपा हुआ है, कहीं और नहीं।